59 Ejercicios para Aprender Lenguaje C.

Reinventors Republic.

First paperback edition Jan 2024

Book Design by: Jesús García

Published by Reinventors Republic.

reinventorsrepublic@gmail.com

Contenido

Introducción.

El lenguaje C es uno de los lenguajes de programación más influyentes y utilizados en la industria del software. Una de sus características más destacadas es su cercanía al hardware, lo que permite a los programadores tener un control preciso sobre los recursos del sistema. Esto se traduce en la capacidad de manipular directamente memoria, acceder a direcciones específicas y utilizar operaciones de bajo nivel, lo que es fundamental para el desarrollo de sistemas operativos y aplicaciones que requieren un alto rendimiento.

Otra característica importante del lenguaje C es su portabilidad. A diferencia de otros lenguajes que pueden estar atados a un sistema operativo específico, los programas escritos en C pueden ser compilados y ejecutados en diferentes plataformas con poco o ningún cambio. Esto se debe a que el lenguaje está diseñado para ser interpretado por diferentes compiladores, lo que facilita la adaptación de un programa a múltiples entornos. Esta portabilidad ha contribuido a su popularidad y uso en una amplia variedad de aplicaciones, desde la programación de sistemas hasta el desarrollo de software de aplicaciones.

Finalmente, el lenguaje C ha sido la base para el desarrollo de muchos otros lenguajes de programación, como C++, C# y Java. Esta influencia se debe a sus principios de diseño, que han sido adoptados y adaptados en otros lenguajes. Por lo tanto, aprender C no solo proporciona a los estudiantes una comprensión sólida de los conceptos de programación, sino que también les prepara para abordar otros lenguajes en el futuro. El dominio del lenguaje C es una habilidad valiosa en el mundo de la programación y abre las puertas a una variedad de oportunidades en el campo del desarrollo de software.

Historia y evolución del lenguaje C

El lenguaje C fue desarrollado en los años 70 en los laboratorios Bell, principalmente por Dennis Ritchie. Su creación se enmarca en un contexto donde se buscaba un lenguaje que permitiera la programación a bajo nivel, al tiempo que ofreciera características de programación de alto nivel. C surgió de la necesidad de mejorar el lenguaje B, que a su vez era una adaptación de BCPL. Con el tiempo, C se convirtió en una herramienta esencial para el desarrollo de sistemas operativos, siendo el más notable el UNIX, que fue reescrito casi en su totalidad en este lenguaje.

A medida que C ganaba popularidad, se realizaron esfuerzos para estandarizarlo. En 1983, el American National Standards Institute (ANSI) formó un comité para definir un estándar para C, lo que resultó en la creación del estándar ANSI C en 1989. Este estándar incluyó mejoras y nuevas características que ayudaron a consolidar la posición del lenguaje en la comunidad de programación. La estandarización facilitó la portabilidad del código, permitiendo que los programas escritos en C pudieran ejecutarse en diferentes plataformas sin necesidad de modificaciones significativas.

Durante la década de 1990, el lenguaje C experimentó una evolución significativa con la introducción de C++. Aunque C++ es un lenguaje orientado a objetos, comparte muchas de sus características con C, lo que permitió a los programadores familiarizados con C adaptarse fácilmente a C++. Sin embargo, C permaneció relevante y continuó siendo ampliamente utilizado en el desarrollo de software de sistemas, controladores de hardware y aplicaciones que requieren un rendimiento óptimo. Muchos programadores optan por C por su simplicidad y eficiencia, además de su capacidad para manejar operaciones a nivel de hardware.

La llegada de Internet y el crecimiento de la programación de sistemas embebidos también contribuyeron a la evolución del lenguaje C. Con la proliferación de dispositivos conectados, C se convirtió en un lenguaje de elección para la programación de microcontroladores y sistemas en tiempo real. La capacidad de C para interactuar directamente con el hardware y su bajo consumo de recursos lo hacen ideal para aplicaciones donde el rendimiento y la eficiencia son críticos. Esta tendencia ha llevado a un resurgimiento del interés en el aprendizaje de C entre los nuevos estudiantes de programación.

En la actualidad, el lenguaje C sigue siendo un pilar fundamental en la educación de la programación. Muchos cursos y programas académicos incluyen C como parte de su currículo, ya que proporciona una base sólida para entender conceptos clave en programación y estructuras de datos. A pesar de la aparición de muchos lenguajes modernos, C mantiene su relevancia gracias a su versatilidad, rendimiento y la rica comunidad de desarrolladores que continúan contribuyendo a su evolución y uso en nuevos proyectos.

Entorno de desarrollo y herramientas necesarias

El entorno de desarrollo es fundamental para cualquier estudiante que desee aprender a programar en C. Este espacio no solo incluye el software necesario para escribir y compilar código, sino también herramientas que facilitan el proceso de aprendizaje y ayudan a depurar errores. Un entorno bien configurado permite al estudiante concentrarse en la lógica de programación sin distraerse con problemas técnicos. Para empezar, es esencial elegir un buen compilador, como GCC, que es ampliamente utilizado y compatible con diversas plataformas.

Además del compilador, se recomienda utilizar un editor de texto o un entorno de desarrollo integrado (IDE) que ofrezca características avanzadas. Algunos IDE populares para programar en C incluyen Code::Blocks, Dev-C++, y Visual Studio. Estas herramientas no solo permiten la edición de código, sino que también ofrecen funcionalidades como resaltado de sintaxis, autocompletado y depuración integrada. Estas características ayudan a los estudiantes a escribir código más limpio y a identificar errores de manera más eficiente.

La instalación de un sistema de control de versiones, como Git, también es una práctica recomendable. Git permite a los estudiantes llevar un registro de los cambios en su código, facilitando la colaboración en proyectos grupales y la gestión de versiones. Aprender a utilizar Git desde el principio puede mejorar significativamente la capacidad de un estudiante para trabajar en proyectos complejos y mantener un código ordenado y accesible.

Otra herramienta útil es un depurador, que permite a los estudiantes ejecutar su código línea por línea. Esto es especialmente valioso para identificar y corregir errores lógicos. Herramientas como GDB son muy apreciadas por su capacidad para proporcionar información detallada sobre el estado del programa en cualquier momento. Con el uso de un depurador, los estudiantes pueden adquirir una comprensión más profunda de cómo funciona su código y cómo se ejecutan las instrucciones en la memoria.

Por último, es importante mencionar los recursos adicionales que pueden complementar el entorno de desarrollo. Foros en línea, tutoriales y documentación oficial son valiosos para resolver dudas y encontrar ejemplos prácticos. La comunidad de programación en C es activa y está dispuesta a ayudar a los nuevos estudiantes a superar obstáculos. Invertir tiempo en construir un entorno de desarrollo robusto y en familiarizarse con las herramientas adecuadas es un paso crucial en el camino hacia la maestría en programación en C.

Ejercicio 1: "Hola, Mundo"

Objetivo: Escribir un programa que imprima "Hola, Mundo" en la pantalla.

Descripción: Este es el clásico primer programa en cualquier lenguaje de programación. Te ayudará a configurar tu entorno de desarrollo y a entender la estructura básica de un programa en C.

Pasos a seguir:

1. Abre tu editor de código o IDE preferido.
2. Escribe el siguiente código:

```
#include <stdio.h>

int main() {
    printf("Hola, Mundo\n");
    return 0;
}
```

3. Guarda el archivo con la extensión .c, por ejemplo, hola_mundo.c.
4. Compila y ejecuta el programa para ver el mensaje en la pantalla.

Ejercicio 2: Suma de Dos Números

Objetivo: Crear un programa que solicite al usuario ingresar dos números y muestre la suma de ambos.

Descripción: Aprenderás a manejar variables, entrada de datos y operaciones aritméticas básicas.

Pasos a seguir:

1. Escribe el siguiente código:

```
#include <stdio.h>

int main() {
    int num1, num2, suma;
    printf("Ingrese el primer número: ");
```

```
    scanf("%d", &num1);
    printf("Ingrese el segundo número: ");
    scanf("%d", &num2);
    suma = num1 + num2;
    printf("La suma es: %d\n", suma);
    return 0;
}
```

2. Compila y ejecuta el programa.
3. Ingresa dos números cuando se te solicite y verifica que la suma sea correcta.

Ejercicio 3: Convertidor de Temperatura (Celsius a Fahrenheit)

Objetivo: Escribir un programa que convierta una temperatura de Celsius a Fahrenheit.

Descripción: Practicarás con variables de tipo float y operaciones aritméticas con decimales.

Fórmula de conversión:
`Fahrenheit=(Celsius × 9/5)+ 32`

Pasos a seguir:

1. Escribe el siguiente código:

```
#include <stdio.h>

int main() {
    float celsius, fahrenheit;
```

```
    printf("Ingrese la temperatura en Celsius: ");
    scanf("%f", &celsius);
    fahrenheit = (celsius * 9/5) + 32;
    printf("%.2f°C son %.2f°F\n", celsius, fahrenheit);
    return 0;
}
```

2. Compila y ejecuta el programa.
3. Ingresa una temperatura en Celsius y verifica la conversión a Fahrenheit.

Ejercicio 4: Verificador de Números Pares o Impares

Objetivo: Crear un programa que determine si un número ingresado por el usuario es par o impar.

Descripción: Introducirás el uso de estructuras condicionales (if-else).

Pasos a seguir:

1. Escribe el siguiente código:

```
#include <stdio.h>

int main() {
    int numero;
    printf("Ingrese un número entero: ");
    scanf("%d", &numero);
    if(numero % 2 == 0) {
        printf("El número %d es par.\n", numero);
```

```
    } else {
        printf("El número %d es impar.\n", numero);
    }
    return 0;
}
```

2. Compila y ejecuta el programa.
3. Ingresa diferentes números para verificar si el programa identifica correctamente pares e impares.

Ejercicio 5: Imprimir los Primeros N Números Naturales

Objetivo: Escribir un programa que solicite al usuario un número N e imprima los primeros N números naturales.

Descripción: Practicarás con bucles (for).

Pasos a seguir:

1. Escribe el siguiente código:

```
#include <stdio.h>

int main() {
    int N, i;
    printf("Ingrese el valor de N: ");
    scanf("%d", &N);
    printf("Los primeros %d números naturales son:\n",
N);
    for(i = 1; i <= N; i++) {
```

```
        printf("%d ", i);
    }
    printf("\n");
    return 0;
}
```

2. Compila y ejecuta el programa.
3. Ingresa diferentes valores para N y verifica que el programa imprima correctamente los números naturales.

Consejos Adicionales para Aprender C:

1. **Configura tu Entorno de Desarrollo:**
   - **Editor de Código/IDE:** Puedes utilizar Code::Blocks, Visual Studio Code **con extensiones para C**, o cualquier otro editor de tu preferencia.
   - **Compilador:** Asegúrate de tener instalado un compilador de C, como GCC o Clang.
2. **Aprende la Sintaxis Básica:**
   - **Variables y Tipos de Datos:** int, float, char, etc.
   - **Operadores Aritméticos y Lógicos.**
   - **Estructuras de Control:** if, else, for, while, etc.
   - **Funciones Básicas:** printf, scanf.
3. **Practica Regularmente:**

  - La programación se aprende haciendo. Intenta modificar los ejercicios anteriores para ver cómo cambian los resultados.
  - Busca pequeños desafíos o problemas y trata de resolverlos en C.

4. **Consulta Recursos en Línea:**
  - Tutorial de C en Programiz

Ejercicio 6: Cálculo del Factorial de un Número

Objetivo: Crear un programa que calcule el factorial de un número entero ingresado por el usuario.

Descripción: Este ejercicio te ayudará a comprender el uso de bucles (for o while) y el manejo de funciones en C.

Pasos a seguir:

1. Escribe el siguiente código:

```
#include <stdio.h>

int main() {
    int numero;
    unsigned long long factorial = 1;

    printf("Ingrese un número entero positivo: ");
    scanf("%d", &numero);
```

```
    if (numero < 0) {
        printf("El factorial no está definido para
números negativos.\n");
    } else {
        for(int i = 1; i <= numero; ++i) {
            factorial *= i;
        }
        printf("El factorial de %d es %llu\n", numero,
factorial);
    }

    return 0;
}
```

2. Compila y ejecuta el programa.
3. Ingresa un número entero positivo y verifica que el factorial se calcule correctamente.

Ejercicio 7: Serie de Fibonacci

Objetivo: Escribir un programa que genere los primeros N números de la serie de Fibonacci.

Descripción: Practicarás con bucles y la lógica para generar secuencias numéricas.

Pasos a seguir:

1. Escribe el siguiente código:

```c
#include <stdio.h>

int main() {
    int N, first = 0, second = 1, next;

    printf("Ingrese la cantidad de términos de Fibonacci
a mostrar: ");
    scanf("%d", &N);

    printf("Serie de Fibonacci:\n");

    for(int i = 0; i < N; i++) {
        if(i <= 1)
            next = i;
        else {
            next = first + second;
            first = second;
            second = next;
        }
        printf("%d ", next);
    }
    printf("\n");
    return 0;
}
```

2. Compila y ejecuta el programa.
3. Ingresa diferentes valores de N para ver cómo se genera la serie de Fibonacci.

Ejercicio 8: Encontrar el Número Mayor de Tres Números

Objetivo: Crear un programa que determine cuál de tres números ingresados por el usuario es el mayor.

Descripción: Este ejercicio refuerza el uso de estructuras condicionales (if-else if-else).

Pasos a seguir:

1. Escribe el siguiente código:

```
#include <stdio.h>

int main() {
    int num1, num2, num3;

    printf("Ingrese el primer número: ");
    scanf("%d", &num1);
    printf("Ingrese el segundo número: ");
    scanf("%d", &num2);
    printf("Ingrese el tercer número: ");
    scanf("%d", &num3);

    if(num1 >= num2 && num1 >= num3)
        printf("El número mayor es: %d\n", num1);
    else if(num2 >= num1 && num2 >= num3)
```

```
        printf("El número mayor es: %d\n", num2);
    else
        printf("El número mayor es: %d\n", num3);

    return 0;
}
```

2. Compila y ejecuta el programa.
3. Ingresa tres números y verifica que el programa identifique correctamente el mayor.

Ejercicio 9: Calculadora Simple

Objetivo: Desarrollar una calculadora que realice operaciones básicas (suma, resta, multiplicación, división) según la elección del usuario.

Descripción: Aprenderás a utilizar la estructura switch-case para manejar múltiples opciones.

Pasos a seguir:

1. Escribe el siguiente código:

```
#include <stdio.h>

int main() {
    char operador;
    double num1, num2;

    printf("Ingrese un operador (+, -, *, /): ");
```

```
    scanf(" %c", &operador);

    printf("Ingrese dos operandos: ");
    scanf("%lf %lf", &num1, &num2);

    switch(operador) {
        case '+':
            printf("%.2lf + %.2lf = %.2lf\n", num1, num2,
num1 + num2);
            break;
        case '-':
            printf("%.2lf - %.2lf = %.2lf\n", num1, num2,
num1 - num2);
            break;
        case '*':
            printf("%.2lf * %.2lf = %.2lf\n", num1, num2,
num1 * num2);
            break;
        case '/':
            if(num2 != 0)
                printf("%.2lf / %.2lf = %.2lf\n", num1,
num2, num1 / num2);
            else
                printf("Error: División por cero no
permitida.\n");
            break;
        default:
            printf("Operador no válido.\n");
    }
```

```
    return 0;
}
```

2. Compila y ejecuta el programa.
3. Ingresa diferentes operadores y operandos para probar todas las operaciones.

Ejercicio 10: Manejo de Arreglos - Ingresar y Mostrar Elementos

Objetivo: Crear un programa que permita al usuario ingresar elementos en un arreglo y luego los muestre en pantalla.

Descripción: Introducción al uso de arreglos (arrays) y su manipulación.

Pasos a seguir:

1. Escribe el siguiente código:

```
#include <stdio.h>

int main() {
    int N;

    printf("Ingrese el tamaño del arreglo: ");
    scanf("%d", &N);

    int arreglo[N];
```

```
    printf("Ingrese %d elementos:\n", N);
    for(int i = 0; i < N; i++) {
        printf("Elemento %d: ", i + 1);
        scanf("%d", &arreglo[i]);
    }

    printf("Los elementos del arreglo son:\n");
    for(int i = 0; i < N; i++) {
        printf("%d ", arreglo[i]);
    }
    printf("\n");

    return 0;
}
```

2. Compila y ejecuta el programa.
3. Ingresa el tamaño del arreglo y sus elementos para verificar que se almacenen y muestren correctamente.

Ejercicio 11: Encontrar el Máximo y Mínimo en un Arreglo

Objetivo: Desarrollar un programa que encuentre el valor máximo y mínimo en un arreglo de números enteros ingresados por el usuario.

Descripción: Profundizarás en el manejo de arreglos y la lógica para comparar elementos.

Pasos a seguir:

1. Escribe el siguiente código:

```
#include <stdio.h>

int main() {
    int N;

    printf("Ingrese el tamaño del arreglo: ");
    scanf("%d", &N);

    int arreglo[N];
    int max, min;

    printf("Ingrese %d elementos:\n", N);
    for(int i = 0; i < N; i++) {
        printf("Elemento %d: ", i + 1);
        scanf("%d", &arreglo[i]);
    }

    max = min = arreglo[0];

    for(int i = 1; i < N; i++) {
        if(arreglo[i] > max)
            max = arreglo[i];
        if(arreglo[i] < min)
            min = arreglo[i];
    }
```

```
    printf("El valor máximo es: %d\n", max);
    printf("El valor mínimo es: %d\n", min);

    return 0;
}
```

2. Compila y ejecuta el programa.
3. Ingresa diferentes conjuntos de números para verificar que el programa identifique correctamente el máximo y el mínimo.

Ejercicio 12: Invertir una Cadena de Caracteres

Objetivo: Escribir un programa que invierta una cadena de caracteres ingresada por el usuario.

Descripción: Aprenderás a manejar cadenas (strings) y a manipular sus caracteres.

Pasos a seguir:

1. Escribe el siguiente código:

```
#include <stdio.h>
    #include <string.h>

int main() {
    char cadena[100];
    int longitud, i;

    printf("Ingrese una cadena de caracteres: ");
```

```
    fgets(cadena, sizeof(cadena), stdin);

    // Eliminar el salto de línea que agrega fgets
    cadena[strcspn(cadena, "\n")] = '\0';

    longitud = strlen(cadena);

    printf("Cadena invertida: ");
    for(i = longitud - 1; i >= 0; i--) {
        printf("%c", cadena[i]);
    }
    printf("\n");

    return 0;
}
```

2. Compila y ejecuta el programa.
3. Ingresa diferentes cadenas de caracteres para ver cómo se invierten.

Ejercicio 13: Uso de Funciones - Cálculo del Área de un Círculo

Objetivo: Crear un programa que calcule el área de un círculo utilizando una función separada para el cálculo.

Descripción: Introducción al uso de funciones personalizadas en C.

Pasos a seguir:

1. Escribe el siguiente código:

```
#include <stdio.h>

#define PI 3.14159265358979323846

double calcularArea(double radio) {
    return PI * radio * radio;
}

int main() {
    double radio, area;

    printf("Ingrese el radio del círculo: ");
    scanf("%lf", &radio);

    area = calcularArea(radio);

    printf("El área del círculo es: %.2lf\n", area);

    return 0;
}
```

2. Compila y ejecuta el programa.
3. Ingresa diferentes radios para verificar el cálculo del área.

Ejercicio 14: Ordenamiento de un Arreglo (Método de Burbuja)

Objetivo: Implementar el algoritmo de ordenamiento de burbuja para ordenar un arreglo de números enteros en orden ascendente.

Descripción: Aprenderás sobre algoritmos de ordenamiento y cómo implementarlos en C.

Pasos a seguir:

1. Escribe el siguiente código:

```
#include <stdio.h>

int main() {
    int N, temp;

    printf("Ingrese el tamaño del arreglo: ");
    scanf("%d", &N);

    int arreglo[N];

    printf("Ingrese %d elementos:\n", N);
    for(int i = 0; i < N; i++) {
        printf("Elemento %d: ", i + 1);
        scanf("%d", &arreglo[i]);
    }

    // Ordenamiento de burbuja
    for(int i = 0; i < N-1; i++) {
```

```
        for(int j = 0; j < N-i-1; j++) {
            if(arreglo[j] > arreglo[j+1]) {
                // Intercambio
                temp = arreglo[j];
                arreglo[j] = arreglo[j+1];
                arreglo[j+1] = temp;
            }
        }
    }

    printf("Arreglo ordenado en orden ascendente:\n");
    for(int i = 0; i < N; i++) {
        printf("%d ", arreglo[i]);
    }
    printf("\n");

    return 0;
}
```

2. Compila y ejecuta el programa.
3. Ingresa un conjunto de números desordenados y verifica que el programa los ordene correctamente.

Ejercicio 15: Uso de Estructuras - Registro de Estudiantes

Objetivo: Crear un programa que almacene y muestre información de estudiantes utilizando estructuras (struct).

Descripción: Aprenderás a definir y utilizar estructuras para manejar datos más complejos.

Pasos a seguir:

1. Escribe el siguiente código:

```
#include <stdio.h>
    #include <string.h>

struct Estudiante {
    char nombre[50];
    int edad;
    float promedio;
};

int main() {
    int N;

    printf("Ingrese el número de estudiantes: ");
    scanf("%d", &N);
    getchar(); // Limpiar el buffer de entrada
```

```
    struct Estudiante estudiantes[N];

    for(int i = 0; i < N; i++) {
        printf("\nEstudiante %d:\n", i + 1);
        printf("Nombre: ");
        fgets(estudiantes[i].nombre,
sizeof(estudiantes[i].nombre), stdin);

estudiantes[i].nombre[strcspn(estudiantes[i].nombre,
"\n")] = '\0'; // Eliminar salto de línea

        printf("Edad: ");
        scanf("%d", &estudiantes[i].edad);

        printf("Promedio: ");
        scanf("%f", &estudiantes[i].promedio);
        getchar(); // Limpiar el buffer de entrada
    }

    printf("\nInformación de los estudiantes:\n");
    for(int i = 0; i < N; i++) {
        printf("\nEstudiante %d:\n", i + 1);
        printf("Nombre: %s\n", estudiantes[i].nombre);
        printf("Edad: %d\n", estudiantes[i].edad);
```

```
        printf("Promedio: %.2f\n", 
estudiantes[i].promedio);
    }

    return 0;
}
```

2. Compila y ejecuta el programa.
3. Ingresa la información de varios estudiantes y verifica que se muestre correctamente.

Ejercicio 16: Manejo de Punteros - Intercambio de Valores

Objetivo: Escribir un programa que intercambie los valores de dos variables utilizando punteros.

Descripción: Introducción al concepto de punteros y su aplicación práctica.

Pasos a seguir:

1. Escribe el siguiente código:

```
#include <stdio.h>

void intercambiar(int *a, int *b) {
    int temp = *a;
    *a = *b;
    *b = temp;
```

```
}

int main() {
    int num1, num2;

    printf("Ingrese el primer número: ");
    scanf("%d", &num1);
    printf("Ingrese el segundo número: ");
    scanf("%d", &num2);

    printf("\nAntes del intercambio:\n");
    printf("num1 = %d, num2 = %d\n", num1, num2);

    intercambiar(&num1, &num2);

    printf("Después del intercambio:\n");
    printf("num1 = %d, num2 = %d\n", num1, num2);

    return 0;
}
```

2. Compila y ejecuta el programa.

3. Ingresa dos números y verifica que sus valores se intercambien correctamente.

Ejercicio 17: Búsqueda Lineal en un Arreglo

Objetivo: Implementar una búsqueda lineal para encontrar un elemento específico en un arreglo.

Descripción: Aprenderás a buscar elementos en arreglos utilizando bucles.

Pasos a seguir:

1. Escribe el siguiente código:

```
#include <stdio.h>

int main() {
    int N, elemento, encontrado = 0;

    printf("Ingrese el tamaño del arreglo: ");
    scanf("%d", &N);

    int arreglo[N];

    printf("Ingrese %d elementos:\n", N);
    for(int i = 0; i < N; i++) {
    printf("Elemento %d: ", i + 1);
        scanf("%d", &arreglo[i]);
    }

    printf("Ingrese el elemento a buscar: ");
    scanf("%d", &elemento);
```

```
    for(int i = 0; i < N; i++) {
        if(arreglo[i] == elemento) {
            printf("Elemento %d encontrado en la posición
%d.\n", elemento, i + 1);
            encontrado = 1;
            break;
        }
    }

    if(!encontrado)
        printf("Elemento %d no se encuentra en el
arreglo.\n", elemento);

    return 0;
}
```

2. Compila y ejecuta el programa.
3. Ingresa un arreglo de números y busca diferentes elementos para verificar la funcionalidad.

Ejercicio 18: Validación de una Fecha

Objetivo: Crear un programa que valide si una fecha ingresada por el usuario es válida.

Descripción: Practicarás con estructuras condicionales y lógica para validar datos.

Pasos a seguir:

1. Escribe el siguiente código:

```
#include <stdio.h>

int main() {
    int dia, mes, anio;
    int diasEnMes;

    printf("Ingrese una fecha (día mes año): ");
    scanf("%d %d %d", &dia, &mes, &anio);

    // Validar mes
    if(mes < 1 || mes > 12) {
        printf("Mes inválido.\n");
        return 0;
    }

    // Determinar el número de días en el mes
    switch(mes) {
        case 1: case 3: case 5: case 7: case 8: case 10:
case 12:
            diasEnMes = 31;
            break;
        case 4: case 6: case 9: case 11:
            diasEnMes = 30;
            break;
```

```
        case 2:
            // Verificar si es año bisiesto
            if((anio % 4 == 0 && anio % 100 != 0) ||
(anio % 400 == 0))
                diasEnMes = 29;
            else
                diasEnMes = 28;
            break;
    }

    // Validar día
    if(dia < 1 || dia > diasEnMes) {
        printf("Día inválido para el mes %d del año
%d.\n", mes, anio);
    } else {
        printf("La fecha %02d/%02d/%d es válida.\n", dia,
mes, anio);
    }

    return 0;
}
```

2. Compila y ejecuta el programa.
3. Ingresa diferentes fechas para verificar si el programa las valida correctamente.

Ejercicio 19: Conversión de Número a Letras (Simplificada)

Objetivo: Escribir un programa que convierta números del 1 al 10 en sus equivalentes en letras.

Descripción: Practicarás con estructuras condicionales y manejo de cadenas.

Pasos a seguir:

1. Escribe el siguiente código:

```
#include <stdio.h>

int main() {
    int numero;

    printf("Ingrese un número entre 1 y 10: ");
    scanf("%d", &numero);

    switch(numero) {
        case 1:
            printf("Uno\n");
            break;
        case 2:
            printf("Dos\n");
            break;
        case 3:
            printf("Tres\n");
```

```
        break;
    case 4:
        printf("Cuatro\n");
        break;
    case 5:
        printf("Cinco\n");
        break;
    case 6:
        printf("Seis\n");
        break;
    case 7:
        printf("Siete\n");
        break;
    case 8:
        printf("Ocho\n");
        break;
    case 9:
        printf("Nueve\n");
        break;
    case 10:
        printf("Diez\n");
        break;
    default:
        printf("Número fuera del rango.\n");
  }

  return 0;
}
```

2. Compila y ejecuta el programa.
3. Ingresa diferentes números entre 1 y 10 para ver su conversión a letras.

Ejercicio 20: Cálculo del Promedio de Calificaciones

Objetivo: Desarrollar un programa que calcule el promedio de calificaciones de N estudiantes y determine cuántos están aprobados (promedio >= 6) y cuántos reprobados.

Descripción: Combinar el uso de arreglos, bucles y estructuras condicionales.

Pasos a seguir:

1. Escribe el siguiente código:

```
#include <stdio.h>

int main() {
    int N, aprobados = 0, reprobados = 0;
    float promedio;

    printf("Ingrese el número de estudiantes: ");
    scanf("%d", &N);

    float calificaciones[N];
```

```
    for(int i = 0; i < N; i++) {
        printf("Ingrese la calificación del estudiante
%d: ", i + 1);
        scanf("%f", &calificaciones[i]);

        // Calcular promedio y determinar aprobación
        if(calificaciones[i] >= 6.0)
            aprobados++;
        else
            reprobados++;
    }

    printf("\nTotal de estudiantes: %d\n", N);
    printf("Aprobados: %d\n", aprobados);
    printf("Reprobados: %d\n", reprobados);

    return 0;
}
```

2. Compila y ejecuta el programa.
3. Ingresa las calificaciones de varios estudiantes y verifica el conteo de aprobados y reprobados.

Ejercicio 21: Validación de Contraseña

Objetivo: Crear un programa que solicite al usuario ingresar una contraseña y verifique si coincide con una contraseña predefinida.

Descripción: Practicarás con cadenas y estructuras condicionales.

Pasos a seguir:

1. Escribe el siguiente código:

```
#include <stdio.h>
    #include <string.h>

int main() {
    char contraseña[20];
    char contraseña_correcta[] = "OpenAI2024";

    printf("Ingrese la contraseña: ");
    fgets(contraseña, sizeof(contraseña), stdin);
    contraseña[strcspn(contraseña, "\n")] = '\0'; //
Eliminar salto de línea

    if(strcmp(contraseña, contraseña_correcta) == 0)
        printf("¡Contraseña correcta! Acceso
concedido.\n");
    else
        printf("Contraseña incorrecta. Acceso
denegado.\n");

    return 0;
}
```

2. Compila y ejecuta el programa.

3. Ingresa la contraseña correcta e incorrecta para probar la validación.

Ejercicio 22: Cálculo del MCD (Máximo Común Divisor)

Objetivo: Escribir un programa que calcule el Máximo Común Divisor (MCD) de dos números enteros utilizando el algoritmo de Euclides.

Descripción: Aprenderás a implementar algoritmos matemáticos utilizando bucles.

Pasos a seguir:

1. Escribe el siguiente código:

```
#include <stdio.h>

int main() {
    int a, b, temp;

    printf("Ingrese el primer número: ");
    scanf("%d", &a);
    printf("Ingrese el segundo número: ");
    scanf("%d", &b);

    // Algoritmo de Euclides
    while(b != 0) {
        temp = b;
```

```
        b = a % b;
        a = temp;
    }

    printf("El MCD es: %d\n", a);

    return 0;
}
```

2. Compila y ejecuta el programa.
3. Ingresa diferentes pares de números para verificar el cálculo del MCD.

Ejercicio 23: Generar un Patrón de Estrellas

Objetivo: Crear un programa que genere un patrón de estrellas en forma de triángulo según el número de filas ingresado por el usuario.

Descripción: Practicarás con bucles anidados para crear patrones.

Pasos a seguir:

1. Escribe el siguiente código:

```
#include <stdio.h>

int main() {
    int filas;
```

```
    printf("Ingrese el número de filas para el triángulo:
");

    scanf("%d", &filas);

    for(int i = 1; i <= filas; i++) {
        // Imprimir espacios
        for(int j = 1; j <= filas - i; j++) {
            printf(" ");
        }
        // Imprimir estrellas
        for(int k = 1; k <= (2 * i - 1); k++) {
            printf("*");
        }
        printf("\n");
    }

    return 0;
}
```

2. Compila y ejecuta el programa.
3. Ingresa diferentes valores de filas para ver cómo cambia el patrón de estrellas.

Ejercicio 24: Contar Vocales en una Cadena

Objetivo: Desarrollar un programa que cuente el número de vocales en una cadena de caracteres ingresada por el usuario.

Descripción: Practicarás con el manejo de cadenas y estructuras condicionales.

Pasos a seguir:

1. Escribe el siguiente código:

```
#include <stdio.h>
    #include <string.h>
    #include <ctype.h>

int main() {
    char cadena[100];
    int contador = 0;

    printf("Ingrese una cadena de caracteres: ");
    fgets(cadena, sizeof(cadena), stdin);
    cadena[strcspn(cadena, "\n")] = '\0'; // Eliminar
salto de línea

    for(int i = 0; i < strlen(cadena); i++) {
        char c = tolower(cadena[i]);
        if(c == 'a' || c == 'e' || c == 'i' || c == 'o'
|| c == 'u')
            contador++;
    }
```

```
    printf("Número de vocales en la cadena: %d\n",
contador);

    return 0;
}
```

2. Compila y ejecuta el programa.
3. Ingresa diferentes cadenas y verifica el conteo de vocales.

Ejercicio 25: Programa de Menu Interactivo

Objetivo: Crear un programa que muestre un menú con varias opciones y realice acciones según la elección del usuario. Por ejemplo, un menú que permita realizar operaciones matemáticas, mostrar información, etc.

Descripción: Practicarás con bucles, estructuras condicionales y la estructura switch-case para crear menús interactivos.

Pasos a seguir:

1. Escribe el siguiente código:

```
#include <stdio.h>

int main() {
    int opcion;
    double num1, num2;

    do {
        printf("\n--- Menú de Opciones ---\n");
```

```
        printf("1. Sumar dos números\n");
        printf("2. Restar dos números\n");
        printf("3. Multiplicar dos números\n");
        printf("4. Dividir dos números\n");
        printf("5. Salir\n");
        printf("Seleccione una opción: ");
        scanf("%d", &opcion);

        switch(opcion) {
            case 1:
                printf("Ingrese dos números: ");
                scanf("%lf %lf", &num1, &num2);
                printf("Resultado: %.2lf + %.2lf =
%.2lf\n", num1, num2, num1 + num2);
                break;
            case 2:
                printf("Ingrese dos números: ");
                scanf("%lf %lf", &num1, &num2);
                printf("Resultado: %.2lf - %.2lf =
%.2lf\n", num1, num2, num1 - num2);
                break;
            case 3:
                printf("Ingrese dos números: ");
                scanf("%lf %lf", &num1, &num2);
                printf("Resultado: %.2lf * %.2lf =
%.2lf\n", num1, num2, num1 * num2);
                break;
            case 4:
                printf("Ingrese dos números: ");
```

```
            scanf("%lf %lf", &num1, &num2);
            if(num2 != 0)
                printf("Resultado: %.2lf / %.2lf =
%.2lf\n", num1, num2, num1 / num2);
            else
                printf("Error: División por cero no
permitida.\n");
            break;
        case 5:
            printf("Saliendo del programa. ¡Hasta
luego!\n");
            break;
        default:
            printf("Opción inválida. Por favor,
intente nuevamente.\n");
        }
    } while(opcion != 5);

    return 0;
}
```

2. Compila y ejecuta el programa.
3. Navega por el menú realizando diferentes operaciones y verifica que cada opción funcione correctamente.

Consejos para Continuar Aprendiendo C:

1. **Profundiza en las Funciones:**
    - Aprende a crear funciones con diferentes tipos de retorno y parámetros.
    - Estudia la recursión y cómo implementarla en C.

2. **Manejo Avanzado de Arreglos:**
   - Trabaja con arreglos multidimensionales.
   - Aprende sobre punteros y su relación con los arreglos.
3. **Memoria Dinámica:**
   - Aprende a utilizar malloc, calloc, realloc y free para manejar memoria dinámicamente.
4. **Archivos:**
   - Practica la lectura y escritura de archivos.
   - Aprende a manejar diferentes modos de apertura de archivos (r, w, a, etc.).
5. **Bibliotecas Estándar:**
   - Explora las diferentes funciones disponibles en las bibliotecas estándar de C.
   - Aprende a incluir y utilizar bibliotecas externas.
6. **Depuración:**
   - Aprende a usar herramientas de depuración como gdb.
   - Familiarízate con técnicas para identificar y corregir errores en tu código.
7. **Proyectos Personales:**
   - Aplica lo que has aprendido en proyectos más grandes, como un juego sencillo, una aplicación de gestión de contactos, etc.
   - Esto te ayudará a consolidar tus conocimientos y a enfrentar desafíos más complejos.

8. **Lee Código de Otros:**
    - Estudia programas escritos por otros para entender diferentes estilos de programación y técnicas.
    - Participa en proyectos de código abierto si te sientes preparado.
9. **Mantente Actualizado:**
    - Sigue aprendiendo sobre nuevas características y mejoras en el lenguaje C.
    - Participa en foros y comunidades para estar al tanto de las mejores prácticas.
10. **Practica Regularmente:**
    - La programación mejora con la práctica constante. Intenta resolver diferentes tipos de problemas y desafíos para fortalecer tus habilidades.

Ejercicio 26: Uso de Enumeraciones (enum)

Objetivo: Aprender a utilizar enumeraciones para definir un conjunto de constantes relacionadas.

Descripción: Las enumeraciones permiten crear tipos de datos personalizados que consisten en un conjunto de valores simbólicos, facilitando la legibilidad y el mantenimiento del código.

Pasos a seguir:

1. **Escribe el siguiente código:**

```
#include <stdio.h>

enum DiaSemana {Lunes, Martes, Miercoles, Jueves,
Viernes, Sabado, Domingo};

int main() {
    enum DiaSemana hoy;

    hoy = Miercoles;

    printf("El valor de 'hoy' es: %d\n", hoy);

    // Mostrar el nombre del día
    switch(hoy) {
        case Lunes:
            printf("Hoy es Lunes.\n");
            break;
        case Martes:
            printf("Hoy es Martes.\n");
            break;
        case Miercoles:
            printf("Hoy es Miércoles.\n");
            break;
        case Jueves:
            printf("Hoy es Jueves.\n");
            break;
```

```
        case Viernes:
            printf("Hoy es Viernes.\n");
            break;
        case Sabado:
            printf("Hoy es Sábado.\n");
            break;
        case Domingo:
            printf("Hoy es Domingo.\n");
            break;
        default:
            printf("Día inválido.\n");
    }

    return 0;
}
```

2. Compila y ejecuta el programa.
3. **Experimenta:**
    - Asigna diferentes valores a hoy y observa cómo cambia la salida.
    - Modifica la enumeración para asignar valores específicos a cada día (por ejemplo, Lunes = 1).

Ejercicio 27: Uso de Uniones (union)

Objetivo: Comprender cómo funcionan las uniones y cuándo es apropiado usarlas.

Descripción: Las uniones permiten almacenar diferentes tipos de datos en la misma ubicación de memoria, pero solo se puede utilizar uno a la vez.

Pasos a seguir:

1. **Escribe el siguiente código:**

```
#include <stdio.h>
#include <string.h>

union Datos {
    int entero;
    float flotante;
    char cadena[20];
};

int main() {
    union Datos dato;

    dato.entero = 10;
    printf("Dato entero: %d\n", dato.entero);

    dato.flotante = 3.14;
    printf("Dato flotante: %.2f\n", dato.flotante);

    strcpy(dato.cadena, "Hola Unión");
    printf("Dato cadena: %s\n", dato.cadena);

    return 0;
```

```
}
```

2. Compila y ejecuta el programa.

3. **Observa:** Notarás que al asignar un nuevo valor a dato, los valores anteriores se sobrescriben debido a que comparten la misma ubicación de memoria.

4. **Experimenta:**

   - Intenta acceder a diferentes miembros de la unión después de asignar un valor y observa los resultados.
   - Utiliza la unión en un contexto práctico, como manejar diferentes tipos de datos de entrada.

Ejercicio 28: Manejo de Archivos - Escribir en un Archivo de Texto

Objetivo: Aprender a abrir, escribir y cerrar archivos de texto en C.

Descripción: Este ejercicio introduce las operaciones básicas de manejo de archivos, permitiendo almacenar datos de manera persistente.

Pasos a seguir:

1. **Escribe el siguiente código:**

```
#include <stdio.h>

int main() {
    FILE *archivo;
```

```c
    char texto[100];

    // Abrir el archivo en modo escritura ("w")
    archivo = fopen("salida.txt", "w");

    if(archivo == NULL) {
        printf("Error al abrir el archivo.\n");
        return 1;
    }

    printf("Ingrese una línea de texto: ");
    fgets(texto, sizeof(texto), stdin);

    // Escribir en el archivo
    fprintf(archivo, "Texto ingresado: %s", texto);

    // Cerrar el archivo
    fclose(archivo);

    printf("Texto escrito en 'salida.txt'.\n");

    return 0;
}
```

2. Compila y ejecuta el programa.

3. Ingresa una línea de texto y verifica que se haya creado el archivo salida.txt con el contenido ingresado.
4. **Experimenta:**
   - Cambia el modo de apertura a "a" para agregar contenido al final del archivo.
   - Escribe múltiples líneas en el archivo utilizando un bucle.

Ejercicio 29: Manejo de Archivos - Leer desde un Archivo de Texto

Objetivo: Aprender a abrir, leer y cerrar archivos de texto en C.

Descripción: Complementa el ejercicio anterior aprendiendo a leer datos almacenados en archivos.

Pasos a seguir:

1. **Escribe el siguiente código:**

```
#include <stdio.h>

int main() {
    FILE *archivo;
    char texto[100];

    // Abrir el archivo en modo lectura ("r")
    archivo = fopen("salida.txt", "r");
```

```
    if(archivo == NULL) {
        printf("Error al abrir el archivo.\n");
        return 1;
    }

    printf("Contenido de 'salida.txt':\n");

    // Leer y mostrar el contenido línea por línea
    while(fgets(texto, sizeof(texto), archivo) != NULL) {
        printf("%s", texto);
    }

    // Cerrar el archivo
    fclose(archivo);

    return 0;
}
```

2. Asegúrate de tener un archivo salida.txt creado previamente.
3. Compila y ejecuta el programa.
4. **Observa:** El contenido del archivo se mostrará en la pantalla.
5. **Experimenta:**
    - Intenta leer diferentes tipos de datos (números, cadenas).
    - Maneja archivos que no existen y observa el comportamiento del programa.

Ejercicio 30: Memoria Dinámica - Uso de malloc y free

Objetivo: Aprender a asignar y liberar memoria dinámicamente utilizando malloc y free.

Descripción: Este ejercicio introduce la gestión de memoria en tiempo de ejecución, esencial para manejar estructuras de datos flexibles.

Pasos a seguir:

1. **Escribe el siguiente código:**

```
#include <stdio.h>
#include <stdlib.h>

int main() {
    int *ptr;
    int N, i;

    printf("Ingrese el número de elementos: ");
    scanf("%d", &N);

    // Asignar memoria para N enteros
    ptr = (int*) malloc(N * sizeof(int));

    if(ptr == NULL) {
        printf("Error en la asignación de memoria.\n");
```

```
        return 1;
    }

    // Ingresar elementos
    for(i = 0; i < N; i++) {
        printf("Elemento %d: ", i + 1);
        scanf("%d", &ptr[i]);
    }

    // Mostrar elementos
    printf("Elementos ingresados:\n");
    for(i = 0; i < N; i++) {
        printf("%d ", ptr[i]);
    }
    printf("\n");

    // Liberar la memoria
    free(ptr);

    return 0;
}
```

2. Compila y ejecuta el programa.
3. Ingresa el número de elementos y sus valores, verificando que se almacenen y muestren correctamente.
4. **Experimenta:**
   - Intenta reasignar memoria utilizando realloc.
   - Observa qué sucede si olvidas llamar a free(ptr).

Ejercicio 31: Recursión - Cálculo del Factorial

Objetivo: Implementar una función recursiva para calcular el factorial de un número.

Descripción: La recursión es una técnica donde una función se llama a sí misma para resolver subproblemas más pequeños.

Pasos a seguir:

1. **Escribe el siguiente código:**

```
#include <stdio.h>

// Función recursiva para calcular el factorial
unsigned long long factorial(int n) {
    if(n == 0 || n == 1)
        return 1;
    else
        return n * factorial(n - 1);
}

int main() {
    int numero;
    unsigned long long result;

    printf("Ingrese un número entero positivo: ");
    scanf("%d", &numero);
```

```
    if(numero < 0) {
        printf("El factorial no está definido para
números negativos.\n");
    } else {
        result = factorial(numero);
        printf("El factorial de %d es: %llu\n", numero,
result);
    }

    return 0;
}
```

2. Compila y ejecuta el programa.
3. Ingresa diferentes números para verificar el cálculo del factorial.
4. **Experimenta:**
    - Implementa una versión iterativa y compara ambas.
    - Maneja casos de entrada grandes y observa el comportamiento.

Ejercicio 32: Listas Enlazadas Simples

Objetivo: Crear e implementar una lista enlazada simple para almacenar y mostrar números enteros.

Descripción: Las listas enlazadas son estructuras de datos dinámicas que consisten en nodos conectados mediante punteros.

Pasos a seguir:

1. Escribe el siguiente código:

```
#include <stdio.h>
#include <stdlib.h>

// Definición de un nodo
struct Nodo {
    int dato;
    struct Nodo *siguiente;
};

// Función para agregar un nodo al final
void agregarNodo(struct Nodo **cabecera, int valor) {
    struct Nodo *nuevo = (struct Nodo*)
malloc(sizeof(struct Nodo));
    struct Nodo *temp = *cabecera;

    nuevo->dato = valor;
    nuevo->siguiente = NULL;

    if(*cabecera == NULL) {
        *cabecera = nuevo;
        return;
    }

    while(temp->siguiente != NULL) {
        temp = temp->siguiente;
    }
```

```
    temp->siguiente = nuevo;
}

// Función para mostrar la lista
void mostrarLista(struct Nodo *cabecera) {
    struct Nodo *temp = cabecera;
    printf("Lista enlazada: ");
    while(temp != NULL) {
        printf("%d -> ", temp->dato);
        temp = temp->siguiente;
    }
    printf("NULL\n");
}

int main() {
    struct Nodo *cabecera = NULL;
    int N, valor;

    printf("Ingrese el número de elementos: ");
    scanf("%d", &N);

    for(int i = 0; i < N; i++) {
        printf("Elemento %d: ", i + 1);
        scanf("%d", &valor);
```

```
        agregarNodo(&cabecera, valor);
    }

    mostrarLista(cabecera);

    // Liberar memoria
    struct Nodo *temp;
    while(cabecera != NULL) {
        temp = cabecera;
        cabecera = cabecera->siguiente;
        free(temp);
    }

    return 0;
}
```

2. Compila y ejecuta el programa.
3. Ingresa el número de elementos y sus valores, verificando que la lista se muestre correctamente.
4. **Experimenta:**
    - Implementa funciones para eliminar nodos.
    - Agrega funcionalidades para insertar nodos en posiciones específicas.

Ejercicio 33: Árbol Binario de Búsqueda (ABB)

Objetivo: Implementar un Árbol Binario de Búsqueda para insertar y buscar valores.

Descripción: Los árboles binarios permiten organizar datos de manera jerárquica, facilitando operaciones eficientes de búsqueda, inserción y eliminación.

Pasos a seguir:

1. **Escribe el siguiente código:**

```
#include <stdio.h>
#include <stdlib.h>

// Definición de un nodo del árbol
struct Nodo {
    int dato;
    struct Nodo *izquierda, *derecha;
};

// Función para crear un nuevo nodo
struct Nodo* crearNodo(int valor) {
    struct Nodo* nuevo = (struct Nodo*)
malloc(sizeof(struct Nodo));
    nuevo->dato = valor;
    nuevo->izquierda = nuevo->derecha = NULL;
    return nuevo;
```

```
}

// Función para insertar un valor en el ABB
struct Nodo* insertar(struct Nodo* raiz, int valor) {
    if(raiz == NULL)
        return crearNodo(valor);

    if(valor < raiz->dato)
        raiz->izquierda = insertar(raiz->izquierda,
valor);
    else if(valor > raiz->dato)
        raiz->derecha = insertar(raiz->derecha, valor);

    return raiz;
}

// Función para buscar un valor en el ABB
struct Nodo* buscar(struct Nodo* raiz, int valor) {
    if(raiz == NULL || raiz->dato == valor)
        return raiz;

    if(valor < raiz->dato)
        return buscar(raiz->izquierda, valor);
    else
        return buscar(raiz->derecha, valor);
}
```

```
// Función para realizar un recorrido inorden
void inorden(struct Nodo* raiz) {
    if(raiz != NULL) {
        inorden(raiz->izquierda);
        printf("%d ", raiz->dato);
        inorden(raiz->derecha);
    }
}

int main() {
    struct Nodo* raiz = NULL;
    int N, valor, buscar_valor;
    struct Nodo* resultado;

    printf("Ingrese el número de elementos para el árbol:
");
    scanf("%d", &N);

    for(int i = 0; i < N; i++) {
        printf("Elemento %d: ", i + 1);
        scanf("%d", &valor);
        raiz = insertar(raiz, valor);
    }

    printf("Recorrido inorden del árbol: ");
```

```c
    inorden(raiz);
    printf("\n");

    printf("Ingrese el valor a buscar: ");
    scanf("%d", &buscar_valor);
    resultado = buscar(raiz, buscar_valor);

    if(resultado != NULL)
        printf("El valor %d se encuentra en el árbol.\n",
buscar_valor);
    else
        printf("El valor %d no se encuentra en el
árbol.\n", buscar_valor);

    // Nota: No se implementa la liberación de memoria
del árbol para simplificar

    return 0;
}
```

2. Compila y ejecuta el programa.
3. Ingresa los elementos del árbol y verifica el recorrido inorden.
4. Busca diferentes valores para comprobar la funcionalidad.
5. **Experimenta:**
    - Implementa funciones para eliminar nodos.
    - Agrega otros tipos de recorrido (preorden, postorden).

Ejercicio 34: Algoritmo de Ordenamiento - Selección (Selection Sort)

Objetivo: Implementar el algoritmo de ordenamiento por selección para ordenar un arreglo de números enteros en orden ascendente.

Descripción: El ordenamiento por selección selecciona repetidamente el elemento mínimo de la parte no ordenada y lo coloca al inicio.

Pasos a seguir:

1. **Escribe el siguiente código:**

```
#include <stdio.h>

int main() {
    int N, temp, min_idx;

    printf("Ingrese el tamaño del arreglo: ");
    scanf("%d", &N);

    int arreglo[N];

    printf("Ingrese %d elementos:\n", N);
    for(int i = 0; i < N; i++) {
        printf("Elemento %d: ", i + 1);
        scanf("%d", &arreglo[i]);
    }
```

```
    // Ordenamiento por selección
    for(int i = 0; i < N - 1; i++) {
        min_idx = i;
        for(int j = i + 1; j < N; j++) {
            if(arreglo[j] < arreglo[min_idx])
                min_idx = j;
        }

        // Intercambiar el mínimo encontrado con el
primer elemento
        temp = arreglo[min_idx];
        arreglo[min_idx] = arreglo[i];
        arreglo[i] = temp;
    }

    printf("Arreglo ordenado en orden ascendente
(Selección):\n");
    for(int i = 0; i < N; i++) {
        printf("%d ", arreglo[i]);
    }
    printf("\n");

    return 0;
}
```

2. Compila y ejecuta el programa.

3. Ingresa un conjunto de números desordenados y verifica que se ordenen correctamente.
4. **Experimenta:**
    - Implementa el ordenamiento por inserción y compáralo con el de selección.
    - Mide el tiempo de ejecución con arreglos grandes.

Ejercicio 35: Algoritmo de Búsqueda - Búsqueda Binaria

Objetivo: Implementar el algoritmo de búsqueda binaria para encontrar un elemento en un arreglo ordenado.

Descripción: La búsqueda binaria divide repetidamente el arreglo a la mitad para localizar el elemento, siendo más eficiente que la búsqueda lineal en arreglos grandes.

Pasos a seguir:

1. **Escribe el siguiente código:**

```
#include <stdio.h>

int main() {
    int N, elemento, inicio, fin, medio, encontrado = 0;

    printf("Ingrese el tamaño del arreglo (ordenado): ");
    scanf("%d", &N);
```

```
    int arreglo[N];

    printf("Ingrese %d elementos en orden ascendente:\n",
N);
    for(int i = 0; i < N; i++) {
        printf("Elemento %d: ", i + 1);
        scanf("%d", &arreglo[i]);
    }

    printf("Ingrese el elemento a buscar: ");
    scanf("%d", &elemento);

    inicio = 0;
    fin = N - 1;

    while(inicio <= fin) {
        medio = inicio + (fin - inicio) / 2;

        if(arreglo[medio] == elemento) {
            printf("Elemento %d encontrado en la posición
%d.\n", elemento, medio + 1);
            encontrado = 1;
            break;
        }
        else if(arreglo[medio] < elemento)
```

```
            inicio = medio + 1;
        else
            fin = medio - 1;
    }

    if(!encontrado)
        printf("Elemento %d no se encuentra en el
arreglo.\n", elemento);

    return 0;
}
```

2. Compila y ejecuta el programa.
3. Ingresa un arreglo ordenado y busca diferentes elementos para verificar la funcionalidad.
4. **Experimenta:**
    - Modifica el programa para ordenar el arreglo automáticamente antes de realizar la búsqueda binaria.
    - Implementa la búsqueda binaria de manera recursiva.

Ejercicio 36: Bitwise Operations - Manipulación de Bits

Objetivo: Practicar operaciones a nivel de bits utilizando operadores bitwise.

Descripción: Las operaciones bitwise permiten manipular los bits individuales de números enteros, útiles en programación de bajo nivel y optimización.

Pasos a seguir:

1. **Escribe el siguiente código:**

```
#include <stdio.h>

int main() {
    unsigned int a, b;

    printf("Ingrese dos números enteros positivos:\n");
    printf("a: ");
    scanf("%u", &a);
    printf("b: ");
    scanf("%u", &b);

    printf("\nOperaciones Bitwise entre %u y %u:\n", a,
b);
    printf("a & b = %u\n", a & b);
    printf("a | b = %u\n", a | b);
    printf("a ^ b = %u\n", a ^ b);
    printf("~a = %u\n", ~a);
    printf("a << 1 = %u\n", a << 1);
    printf("a >> 1 = %u\n", a >> 1);

    return 0;
}
```

2. Compila y ejecuta el programa.

3. Ingresa diferentes pares de números y observa los resultados de las operaciones bitwise.
4. **Experimenta:**
    - Implementa funciones para verificar si un número es par o impar usando bitwise.
    - Crea máscaras para establecer, limpiar o alternar bits específicos.

Ejercicio 37: Manejo de Argumentos de Línea de Comandos

Objetivo: Aprender a recibir y procesar argumentos desde la línea de comandos.

Descripción: Este ejercicio muestra cómo los programas en C pueden aceptar parámetros al ser ejecutados, permitiendo mayor flexibilidad.

Pasos a seguir:

1. **Escribe el siguiente código:**

```
#include <stdio.h>
#include <stdlib.h>

int main(int argc, char *argv[]) {
    if(argc < 2) {
        printf("Uso: %s [argumentos]\n", argv[0]);
        return 1;
```

```
}

printf("Número de argumentos: %d\n", argc - 1);
printf("Argumentos:\n");

for(int i = 1; i < argc; i++) {
    printf("argv[%d] = %s\n", i, argv[i]);
}

return 0;
}
```

2. Compila el programa con un nombre, por ejemplo, args.
3. Ejecuta el programa desde la terminal con diferentes argumentos:

./args Hola Mundo 123

4. **Observa:** El programa mostrará el número de argumentos y sus valores.

5. **Experimenta:**

   - Implementa un programa que sume números proporcionados como argumentos.

   - Crea un programa que reconozca opciones específicas (como -h para ayuda).

Ejercicio 38: Macros y Preprocesador

Objetivo: Comprender el uso de macros y directivas del preprocesador para simplificar el código.

Descripción: Las macros permiten definir constantes y funciones en tiempo de compilación, mejorando la legibilidad y mantenibilidad.

Pasos a seguir:

1. **Escribe el siguiente código:**

```
#include <stdio.h>

#define PI 3.141592653589793
#define CUADRADO(x) ((x) * (x))
#define MAYOR(a, b) ((a) > (b) ? (a) : (b))

int main() {
    double radio = 5.0;
    double area = PI * CUADRADO(radio);
    int num1 = 10, num2 = 20;
    int max = MAYOR(num1, num2);

    printf("Área del círculo con radio %.2lf: %.2lf\n",
radio, area);
    printf("El mayor entre %d y %d es: %d\n", num1, num2,
max);

    return 0;
}
```

2. **Compila y ejecuta el programa.**

3. **Observa:** El programa utiliza macros para calcular el área y determinar el número mayor.

4. **Experimenta:**

   - Define macros para otras fórmulas matemáticas.
   - Crea macros condicionales utilizando #ifdef y #endif.

Ejercicio 39: Funciones con Parámetros por Referencia

Objetivo: Aprender a modificar variables en la función principal utilizando parámetros por referencia.

Descripción: Pasar parámetros por referencia permite que las funciones modifiquen las variables originales.

Pasos a seguir:

1. **Escribe el siguiente código:**

```
#include <stdio.h>

// Función para intercambiar dos números usando punteros
void intercambiar(int *a, int *b) {
    int temp = *a;
    *a = *b;
    *b = temp;
}
```

```
int main() {
    int x, y;

    printf("Ingrese dos números para intercambiar:\n");
    printf("x: ");
    scanf("%d", &x);
    printf("y: ");
    scanf("%d", &y);

    printf("\nAntes del intercambio: x = %d, y = %d\n",
x, y);
    intercambiar(&x, &y);
    printf("Después del intercambio: x = %d, y = %d\n",
x, y);

    return 0;
}
```

2. Compila y ejecuta el programa.
3. Ingresa dos números y verifica que sus valores se intercambien correctamente.
4. **Experimenta:**
    - Implementa funciones que calculen el máximo y mínimo utilizando parámetros por referencia.
    - Crea una función que modifique múltiples variables simultáneamente.

Ejercicio 40: Manejo de Strings - Concatenación sin strcat

Objetivo: Concatenar dos cadenas de caracteres sin utilizar la función strcat.

Descripción: Este ejercicio refuerza el manejo de cadenas y el uso de punteros para manipular caracteres.

Pasos a seguir:

1. **Escribe el siguiente código:**

```
#include <stdio.h>

void concatenar(char *dest, char *src) {
    // Mover el puntero dest al final de la primera
cadena
    while(*dest != '\0') {
        dest++;
  }

  // Copiar src a dest
    while(*src != '\0') {
        *dest = *src;
        dest++;
        src++;
```

```
    }

    // Añadir el carácter nulo al final
    *dest = '\0';
}

int main() {
    char cadena1[100], cadena2[50];

    printf("Ingrese la primera cadena: ");
    fgets(cadena1, sizeof(cadena1), stdin);
    cadena1[strcspn(cadena1, "\n")] = '\0'; // Eliminar
salto de línea

    printf("Ingrese la segunda cadena: ");
    fgets(cadena2, sizeof(cadena2), stdin);
    cadena2[strcspn(cadena2, "\n")] = '\0'; // Eliminar
salto de línea

    concatenar(cadena1, cadena2);

    printf("Cadena concatenada: %s\n", cadena1);

    return 0;
}
```

2. Compila y ejecuta el programa.

3. Ingresa dos cadenas y verifica que se concatenen correctamente.
4. **Experimenta:**
   - Implementa funciones para copiar cadenas sin utilizar strcpy.
   - Crea una función que invierta una cadena utilizando punteros.

Ejercicio 41: Estructuras Anidadas

Objetivo: Crear y manejar estructuras que contienen otras estructuras.

Descripción: Las estructuras anidadas permiten organizar datos más complejos de manera jerárquica.

Pasos a seguir:

1. **Escribe el siguiente código:**

```
#include <stdio.h>

#include <string.h>


struct Fecha {

    int dia;

    int mes;

    int anio;

};


struct Persona {
```

```
    char nombre[50];
    int edad;
    struct Fecha nacimiento;
};

int main() {
    struct Persona persona;

    printf("Ingrese el nombre: ");
    fgets(persona.nombre, sizeof(persona.nombre), stdin);
    persona.nombre[strcspn(persona.nombre, "\n")] = '\0';
// Eliminar salto de línea

    printf("Ingrese la edad: ");
    scanf("%d", &persona.edad);

    printf("Ingrese la fecha de nacimiento (dia mes año):
");
    scanf("%d %d %d", &persona.nacimiento.dia,
&persona.nacimiento.mes, &persona.nacimiento.anio);

    printf("\nInformación de la persona:\n");
    printf("Nombre: %s\n", persona.nombre);
    printf("Edad: %d\n", persona.edad);
    printf("Fecha de Nacimiento: %02d/%02d/%d\n",
persona.nacimiento.dia, persona.nacimiento.mes,
persona.nacimiento.anio);
```

```
    return 0;
}
```

2. Compila y ejecuta el programa.
3. Ingresa los datos solicitados y verifica que se muestren correctamente.
4. **Experimenta:**
   - Crea un arreglo de estructuras anidadas para manejar múltiples personas.
   - Implementa funciones para mostrar y modificar datos de las estructuras.

Ejercicio 42: Punteros y Arreglos Bidimensionales

Objetivo: Manipular arreglos bidimensionales utilizando punteros.

Descripción: Este ejercicio profundiza en el uso de punteros para acceder y modificar elementos en matrices.

Pasos a seguir:

1. **Escribe el siguiente código:**

```
#include <stdio.h>

int main() {
    int filas, columnas;
```

```
    printf("Ingrese el número de filas: ");
    scanf("%d", &filas);
    printf("Ingrese el número de columnas: ");
    scanf("%d", &columnas);

    int matriz[filas][columnas];

    printf("Ingrese los elementos de la matriz:\n");
    for(int i = 0; i < filas; i++) {
        for(int j = 0; j < columnas; j++) {
            printf("Elemento [%d][%d]: ", i, j);
            scanf("%d", &matriz[i][j]);
        }
    }

    printf("\nMatriz ingresada:\n");
    for(int i = 0; i < filas; i++) {
        for(int j = 0; j < columnas; j++) {
            printf("%d\t", *(*(matriz + i) + j));
        }
        printf("\n");
    }

    return 0;
}
```

2. Compila y ejecuta el programa.
3. Ingresa los elementos de la matriz y verifica que se muestren correctamente.
4. **Experimenta:**
    - Implementa funciones para sumar filas, columnas o toda la matriz.
    - Crea un programa que realice la transposición de la matriz.

Ejercicio 43: Archivos Binarios - Escribir y Leer Datos Estructurados

Objetivo: Manejar archivos binarios para almacenar y recuperar estructuras de datos.

Descripción: Los archivos binarios permiten almacenar datos en formatos más eficientes y personalizados.

Pasos a seguir:

1. **Escribe el siguiente código:**

```
#include <stdio.h>
#include <stdlib.h>
#include <string.h>

struct Producto {
    int id;
```

```
    char nombre[30];
    float precio;
};

int main() {
    FILE *archivo;
    struct Producto producto;
    int opcion, N;

    printf("Seleccione una opción:\n");
    printf("1. Escribir productos en archivo binario\n");
    printf("2. Leer productos desde archivo binario\n");
    printf("Opción: ");
    scanf("%d", &opcion);
    getchar(); // Limpiar el buffer

    if(opcion == 1) {
        archivo = fopen("productos.bin", "wb");
        if(archivo == NULL) {
            printf("Error al abrir el archivo.\n");
            return 1;
        }

        printf("Ingrese el número de productos: ");
        scanf("%d", &N);
```

```
        getchar(); // Limpiar el buffer

        for(int i = 0; i < N; i++) {
            printf("\nProducto %d:\n", i + 1);
            printf("ID: ");
            scanf("%d", &producto.id);
            getchar(); // Limpiar el buffer

            printf("Nombre: ");
            fgets(producto.nombre,
sizeof(producto.nombre), stdin);
            producto.nombre[strcspn(producto.nombre,
"\n")] = '\0'; // Eliminar salto de línea

            printf("Precio: ");
            scanf("%f", &producto.precio);
            getchar(); // Limpiar el buffer

            fwrite(&producto, sizeof(struct Producto), 1,
archivo);
        }

        fclose(archivo);
        printf("Productos escritos en
'productos.bin'.\n");
    }
    else if(opcion == 2) {
```

```
        archivo = fopen("productos.bin", "rb");
        if(archivo == NULL) {
            printf("Error al abrir el archivo.\n");
            return 1;
        }

        printf("\nContenido de 'productos.bin':\n");
        while(fread(&producto, sizeof(struct Producto),
1, archivo)) {
            printf("\nID: %d\n", producto.id);
            printf("Nombre: %s\n", producto.nombre);
            printf("Precio: %.2f\n", producto.precio);
        }

        fclose(archivo);
    }
    else {
        printf("Opción inválida.\n");
    }

    return 0;
}
```

2. Compila y ejecuta el programa.
3. Selecciona la opción 1 para escribir productos en el archivo binario.
4. Luego, ejecuta nuevamente el programa y selecciona la opción 2 para leer y mostrar los productos almacenados.

5. **Experimenta:**
    - Agrega opciones para actualizar o eliminar productos.
    - Implementa búsquedas dentro del archivo binario.

Ejercicio 44: Implementación de Pilas (Stacks) Usando Listas Enlazadas

Objetivo: Crear e implementar una pila utilizando listas enlazadas.

Descripción: Las pilas son estructuras de datos LIFO (Last In, First Out) que permiten operaciones de inserción y eliminación en un solo extremo.

Pasos a seguir:

1. **Escribe el siguiente código:**

```
#include <stdio.h>
#include <stdlib.h>

// Definición de un nodo
struct Nodo {
    int dato;
    struct Nodo *siguiente;
};

// Función para empujar (push) un elemento en la pila
```

```
void push(struct Nodo **cima, int valor) {
    struct Nodo *nuevo = (struct Nodo*)
malloc(sizeof(struct Nodo));
    nuevo->dato = valor;
    nuevo->siguiente = *cima;
    *cima = nuevo;
    printf("Elemento %d empujado a la pila.\n", valor);
}

// Función para sacar (pop) un elemento de la pila
int pop(struct Nodo **cima) {
    if(*cima == NULL) {
        printf("Pila vacía. No hay elementos para
sacar.\n");
        return -1;
    }
    struct Nodo *temp = *cima;
    int valor = temp->dato;
    *cima = (*cima)->siguiente;
    free(temp);
    return valor;
}

// Función para mostrar la pila
void mostrarPila(struct Nodo *cima) {
    printf("Contenido de la pila:\n");
```

```
    struct Nodo *temp = cima;
    while(temp != NULL) {
        printf("%d\n", temp->dato);
        temp = temp->siguiente;
    }
}

int main() {
    struct Nodo *cima = NULL;
    int opcion, valor;

    do {
        printf("\n--- Menú de la Pila ---\n");
        printf("1. Push (empujar)\n");
        printf("2. Pop (sacar)\n");
        printf("3. Mostrar pila\n");
        printf("4. Salir\n");
        printf("Seleccione una opción: ");
        scanf("%d", &opcion);

        switch(opcion) {
            case 1:
                printf("Ingrese el valor a empujar: ");
                scanf("%d", &valor);
                push(&cima, valor);
```

```
            break;
        case 2:
            valor = pop(&cima);
            if(valor != -1)
                printf("Elemento %d sacado de la
pila.\n", valor);
            break;
        case 3:
            mostrarPila(cima);
            break;
        case 4:
            printf("Saliendo del programa.\n");
            break;
        default:
            printf("Opción inválida. Intente
nuevamente.\n");
        }
    } while(opcion != 4);

    // Liberar memoria restante
    while(cima != NULL) {
        pop(&cima);
    }

    return 0;
}
```

2. Compila y ejecuta el programa.
3. Utiliza las opciones del menú para empujar y sacar elementos de la pila, y para mostrar su contenido.
4. **Experimenta:**
   - Implementa una función para verificar si la pila está vacía.
   - Crea una pila que almacene caracteres en lugar de enteros.

Ejercicio 45: Implementación de Colas (Queues) Usando Arreglos

Objetivo: Crear e implementar una cola utilizando arreglos estáticos.

Descripción: Las colas son estructuras de datos FIFO (First In, First Out) que permiten operaciones de inserción al final y eliminación al inicio.

Pasos a seguir:

1. **Escribe el siguiente código:**

```
#include <stdio.h>
#define MAX 100

struct Cola {
    int elementos[MAX];
    int frente;
    int final;
};

void inicializar(struct Cola *q) {
```

```
    q->frente = -1;
    q->final = -1;
}

int estaVacia(struct Cola *q) {
    return (q->frente == -1);
}

int estaLlena(struct Cola *q) {
    return (q->final == MAX - 1);
}

void encolar(struct Cola *q, int valor) {
    if(estaLlena(q)) {
        printf("Cola llena. No se puede encolar.\n");
        return;
    }
    if(estaVacia(q))
        q->frente = 0;
    q->final++;
    q->elementos[q->final] = valor;
    printf("Elemento %d encolado.\n", valor);
}

int desencolar(struct Cola *q) {
    if(estaVacia(q)) {
        printf("Cola vacía. No hay elementos para
desencolar.\n");
        return -1;
    }
    int valor = q->elementos[q->frente];
    if(q->frente == q->final)
        inicializar(q);
    else
        q->frente++;
    return valor;
}
```

```
void mostrarCola(struct Cola *q) {
    if(estaVacia(q)) {
        printf("Cola vacía.\n");
        return;
    }
    printf("Contenido de la cola: ");
    for(int i = q->frente; i <= q->final; i++) {
        printf("%d ", q->elementos[i]);
    }
    printf("\n");
}

int main() {
    struct Cola q;
    int opcion, valor;

    inicializar(&q);

    do {
        printf("\n--- Menú de la Cola ---\n");
        printf("1. Encolar\n");
        printf("2. Desencolar\n");
        printf("3. Mostrar cola\n");
        printf("4. Salir\n");
        printf("Seleccione una opción: ");
        scanf("%d", &opcion);

        switch(opcion) {
            case 1:
                printf("Ingrese el valor a encolar: ");
                scanf("%d", &valor);
                encolar(&q, valor);
                break;
            case 2:
                valor = desencolar(&q);
                if(valor != -1)
                    printf("Elemento %d desencolado.\n",
valor);
```

```
                break;
            case 3:
                mostrarCola(&q);
                break;
            case 4:
                printf("Saliendo del programa.\n");
                break;
            default:
                printf("Opción inválida. Intente
nuevamente.\n");
        }
    } while(opcion != 4);

    return 0;
}
```

2. Compila y ejecuta el programa.
3. Utiliza las opciones del menú para encolar y desencolar elementos, y para mostrar el contenido de la cola.
4. **Experimenta:**
   - Cambia la implementación para usar punteros en lugar de índices.
   - Implementa una cola circular para optimizar el uso del arreglo.

Consejos Adicionales para Profundizar en C:

1. **Aprende sobre Punteros a Funciones:**
   - Permiten almacenar direcciones de funciones y usarlas como parámetros.
2. **Estudia la Gestión de Memoria Avanzada:**

- Implementa estructuras de datos dinámicas como árboles AVL o tablas hash.

3. **Explora Programación Modular:**
   - Divide tu programa en múltiples archivos y aprende a usar archivos de encabezado (.h).

4. **Conoce las Funciones de la Biblioteca Estándar:**
   - Profundiza en funciones de math.h, ctype.h, string.h, entre otras.

5. **Implementa Algoritmos Más Complejos:**
   - Busca y estudia algoritmos clásicos como Dijkstra, QuickSort, MergeSort, etc.

Ejercicio 31: Punteros y Arreglos - Iteración con Punteros

Objetivo: Comprender la relación entre punteros y arreglos, y cómo utilizar punteros para iterar sobre un arreglo.

Descripción: Este ejercicio demuestra cómo los punteros pueden acceder y manipular los elementos de un arreglo de manera eficiente.

Pasos a seguir:

1. **Escribe el siguiente código:**

```
#include <stdio.h>
```

```
int main() {
    int arreglo[] = {10, 20, 30, 40, 50};
    int *ptr = arreglo; // Apunta al primer elemento del
arreglo
    int tamaño = sizeof(arreglo) / sizeof(arreglo[0]);

    printf("Elementos del arreglo utilizando
punteros:\n");
    for(int i = 0; i < tamaño; i++) {
        printf("Elemento %d: %d\n", i + 1, *(ptr + i));
    }

    return 0;
}
```

2. **Compila y ejecuta el programa.**

3. **Observa:** El programa muestra cada elemento del arreglo utilizando aritmética de punteros.

4. **Experimenta:**

    - Modifica los valores del arreglo utilizando punteros (por ejemplo, *(ptr + i) = *(ptr + i) * 2;).

    - Compara la eficiencia de acceder a elementos mediante índices versus punteros.

Ejercicio 46: Función que Suma los Elementos de un Arreglo usando Punteros

Objetivo: Crear una función que calcule la suma de los elementos de un arreglo utilizando punteros.

Descripción: Este ejercicio refuerza el uso de punteros al pasar arreglos a funciones y manipular sus elementos.

Pasos a seguir:

1. **Escribe el siguiente código:**

```
#include <stdio.h>

// Declaración de la función
int sumarElementos(int *ptr, int tamaño);

int main() {
    int arreglo[] = {5, 15, 25, 35, 45};
    int tamaño = sizeof(arreglo) / sizeof(arreglo[0]);
    int suma;

    // Llamada a la función
    suma = sumarElementos(arreglo, tamaño);

    printf("La suma de los elementos del arreglo es:
%d\n", suma);

    return 0;
}

// Definición de la función
int sumarElementos(int *ptr, int tamaño) {
    int suma = 0;
    for(int i = 0; i < tamaño; i++) {
        suma += *(ptr + i);
    }
  return suma;

}
```

2. **Compila y ejecuta el programa.**

3. **Observa:** El programa calcula y muestra la suma de los elementos del arreglo.

4. **Experimenta:**

    - Modifica la función para que también calcule el promedio de los elementos.
    - Implementa validaciones para manejar arreglos vacíos.

Ejercicio 47: Estructuras Anidadas - Registro de Empleados

Objetivo: Aprender a definir y utilizar estructuras que contienen otras estructuras (estructuras anidadas).

Descripción: Este ejercicio te permitirá manejar datos más complejos agrupando información relacionada en estructuras.

Pasos a seguir:

1. **Escribe el siguiente código:**

```
#include <stdio.h>
#include <string.h>

// Definición de la estructura Fecha
struct Fecha {
    int dia;
    int mes;
    int anio;
};
```

```
// Definición de la estructura Empleado que contiene una
estructura Fecha
struct Empleado {
    char nombre[50];
    int id;
    struct Fecha fecha_ingreso;
};

int main() {
    int N;


    printf("Ingrese el número de empleados: ");
    scanf("%d", &N);
    getchar(); // Limpiar el buffer de entrada

    struct Empleado empleados[N];

    // Ingresar datos de empleados
    for(int i = 0; i < N; i++) {
        printf("\nEmpleado %d:\n", i + 1);
        printf("Nombre: ");
        fgets(empleados[i].nombre,
sizeof(empleados[i].nombre), stdin);
        empleados[i].nombre[strcspn(empleados[i].nombre,
"\n")] = '\0'; // Eliminar salto de línea

        printf("ID: ");
        scanf("%d", &empleados[i].id);


        printf("Fecha de ingreso (día mes año): ");
        scanf("%d %d %d",
&empleados[i].fecha_ingreso.dia,
```

```
&empleados[i].fecha_ingreso.mes,
&empleados[i].fecha_ingreso.anio);
        getchar(); // Limpiar el buffer de entrada
    }

    // Mostrar datos de empleados
    printf("\nInformación de los empleados:\n");
    for(int i = 0; i < N; i++) {
    printf("\nEmpleado %d:\n", i + 1);

    printf("Nombre: %s\n", empleados[i].nombre);

    printf("ID: %d\n", empleados[i].id);

        printf("Fecha de ingreso: %02d/%02d/%d\n",
empleados[i].fecha_ingreso.dia,
empleados[i].fecha_ingreso.mes,
empleados[i].fecha_ingreso.anio);
    }

    return 0;
}
```

2. Compila y ejecuta el programa.
3. Ingresa la información de varios empleados y verifica que se muestre correctamente.
4. **Experimenta:**
   - Añade más campos a las estructuras, como salario o departamento.
   - Implementa funciones para agregar, eliminar o buscar empleados en el arreglo.

Ejercicio 48: Función Recursiva para Calcular Potencias

Objetivo: Implementar una función recursiva que calcule la potencia de un número.

Descripción: Este ejercicio introduce el concepto de recursión, donde una función se llama a sí misma para resolver subproblemas más pequeños.

Pasos a seguir:

1. **Escribe el siguiente código:**

```
#include <stdio.h>

// Declaración de la función recursiva
long long potencia(int base, int exponente);


int main() {
    int base, exponente;
    long long resultado;

    printf("Ingrese la base: ");
    scanf("%d", &base);
    printf("Ingrese el exponente: ");
    scanf("%d", &exponente);

    resultado = potencia(base, exponente);

    printf("%d elevado a %d es %lld\n", base, exponente,
resultado);

    return 0;
}
```

```
// Definición de la función recursiva
long long potencia(int base, int exponente) {
    if(exponente == 0)
        return 1;
    else
        return base * potencia(base, exponente - 1);
}
```

2. **Compila y ejecuta el programa.**
3. **Ingresa diferentes bases y exponentes para verificar el cálculo.**
4. **Experimenta:**
    - Maneja casos donde el exponente es negativo (requiere cambios en el tipo de retorno).
    - Implementa una versión iterativa de la función y compara los resultados.

Ejercicio 49: Manipulación de Matrices (Arreglos Bidimensionales)

Objetivo: Aprender a crear, ingresar y mostrar matrices bidimensionales, así como realizar operaciones básicas sobre ellas.

Descripción: Este ejercicio te permitirá manejar estructuras de datos más complejas y comprender la manipulación de matrices en C.

Pasos a seguir:

1. **Escribe el siguiente código:**

```
#include <stdio.h>
```

```
int main() {
    int filas, columnas;

    printf("Ingrese el número de filas de la matriz: ");
    scanf("%d", &filas);
    printf("Ingrese el número de columnas de la matriz:
");
    scanf("%d", &columnas);

    int matriz[filas][columnas];

    // Ingresar elementos de la matriz
    printf("Ingrese los elementos de la matriz:\n");
    for(int i = 0; i < filas; i++) {
        for(int j = 0; j < columnas; j++) {
            printf("Elemento [%d][%d]: ", i + 1, j + 1);
            scanf("%d", &matriz[i][j]);
        }
    }

    // Mostrar la matriz
    printf("\nLa matriz ingresada es:\n");
    for(int i = 0; i < filas; i++) {
        for(int j = 0; j < columnas; j++) {
            printf("%d\t", matriz[i][j]);
        }
        printf("\n");
    }

    // Calcular la suma de cada fila
    printf("\nSuma de cada fila:\n");
    for(int i = 0; i < filas; i++) {
        int suma = 0;
        for(int j = 0; j < columnas; j++) {
            suma += matriz[i][j];
        }
        printf("Fila %d: %d\n", i + 1, suma);
    }
```

```
    // Calcular la suma de cada columna
    printf("\nSuma de cada columna:\n");
    for(int j = 0; j < columnas; j++) {
        int suma = 0;
        for(int i = 0; i < filas; i++) {
            suma += matriz[i][j];
        }
        printf("Columna %d: %d\n", j + 1, suma);
    }

    return 0;
}
```

2. **Compila y ejecuta el programa.**

3. **Ingresa las dimensiones de la matriz y sus elementos.**

4. **Observa:** El programa mostrará la matriz ingresada y calculará la suma de cada fila y columna.

5. **Experimenta:**

    - Implementa funciones para transponer la matriz.
    - Añade la funcionalidad para multiplicar dos matrices ingresadas por el usuario.

Ejercicio 50: Implementación de una Lista Enlazada Simple

Objetivo: Crear una lista enlazada simple para almacenar una secuencia de números enteros, permitiendo operaciones básicas como inserción, eliminación y visualización de los elementos.

Descripción: Las listas enlazadas son estructuras de datos dinámicas que permiten una inserción y eliminación eficiente de elementos. Este ejercicio te ayudará a comprender cómo funcionan las listas enlazadas y cómo manipular punteros para gestionar los nodos.

Pasos a seguir:

1. **Define la estructura del nodo:**

```
#include <stdio.h>
#include <stdlib.h>

// Definición de la estructura del nodo
struct Nodo {
    int dato;
    struct Nodo *siguiente;
};
Implementa las funciones para insertar, eliminar y
mostrar elementos:
// Función para insertar un nuevo nodo al final de la
lista
void insertarAlFinal(struct Nodo **cabeza, int valor) {
    struct Nodo *nuevoNodo = (struct
Nodo*)malloc(sizeof(struct Nodo));
    struct Nodo *temp = *cabeza;
    nuevoNodo->dato = valor;
    nuevoNodo->siguiente = NULL;

    if (*cabeza == NULL) {
        *cabeza = nuevoNodo;
        return;
    }

    while (temp->siguiente != NULL) {
        temp = temp->siguiente;
    }
    temp->siguiente = nuevoNodo;
}
```

```
// Función para eliminar un nodo con un valor específico
void eliminarNodo(struct Nodo **cabeza, int valor) {
    struct Nodo *temp = *cabeza, *prev = NULL;

    // Si el nodo a eliminar es la cabeza
    if (temp != NULL && temp->dato == valor) {
        *cabeza = temp->siguiente;
        free(temp);
        return;
    }

    // Buscar el nodo a eliminar
    while (temp != NULL && temp->dato != valor) {
        prev = temp;
        temp = temp->siguiente;
    }

    // Si el valor no se encontró
    if (temp == NULL) return;

    // Desconectar el nodo y liberarlo
    prev->siguiente = temp->siguiente;
    free(temp);
}

// Función para mostrar los elementos de la lista
void mostrarLista(struct Nodo *nodo) {
    while (nodo != NULL) {
        printf("%d -> ", nodo->dato);
        nodo = nodo->siguiente;
    }
    printf("NULL\n");
}
```

2. **Implementa el main para interactuar con la lista enlazada:**

```
int main() {
    struct Nodo *cabeza = NULL;
    int opcion, valor;
```

```
    do {
        printf("\n--- Menú de Lista Enlazada ---\n");
        printf("1. Insertar un elemento al final\n");
        printf("2. Eliminar un elemento\n");
        printf("3. Mostrar la lista\n");
        printf("4. Salir\n");
        printf("Seleccione una opción: ");
        scanf("%d", &opcion);

        switch(opcion) {
            case 1:
                printf("Ingrese el valor a insertar: ");
                scanf("%d", &valor);
                insertarAlFinal(&cabeza, valor);
                printf("Elemento %d insertado.\n",
valor);
                break;
            case 2:
                printf("Ingrese el valor a eliminar: ");
                scanf("%d", &valor);
                eliminarNodo(&cabeza, valor);
                printf("Elemento %d eliminado (si
existía).\n", valor);
                break;
            case 3:
                printf("Contenido de la lista: ");
                mostrarLista(cabeza);
                break;
            case 4:
                printf("Saliendo del programa.\n");
                break;
            default:
                printf("Opción inválida. Intente
nuevamente.\n");
        }
    } while(opcion != 4);
```

```
    // Liberar memoria restante
    struct Nodo *temp;
    while (cabeza != NULL) {
        temp = cabeza;
        cabeza = cabeza->siguiente;
        free(temp);
    }

    return 0;
}
```

3. **Compila y ejecuta el programa.**

4. **Interactúa con el menú:**

    - Inserta varios elementos al final de la lista.
    - Elimina algunos elementos y verifica que se eliminen correctamente.
    - Muestra la lista para observar los cambios.

Código Completo:

```
#include <stdio.h>

#include <stdlib.h>



// Definición de la estructura del nodo
struct Nodo {
    int dato;
    struct Nodo *siguiente;
};

// Función para insertar un nuevo nodo al final de la
lista
void insertarAlFinal(struct Nodo **cabeza, int valor) {
```

```
    struct Nodo *nuevoNodo = (struct
Nodo*)malloc(sizeof(struct Nodo));
    struct Nodo *temp = *cabeza;
    nuevoNodo->dato = valor;
    nuevoNodo->siguiente = NULL;

    if (*cabeza == NULL) {
        *cabeza = nuevoNodo;
        return;
    }

    while (temp->siguiente != NULL) {
        temp = temp->siguiente;
    }
    temp->siguiente = nuevoNodo;
}

// Función para eliminar un nodo con un valor específico
void eliminarNodo(struct Nodo **cabeza, int valor) {
    struct Nodo *temp = *cabeza, *prev = NULL;

    // Si el nodo a eliminar es la cabeza
    if (temp != NULL && temp->dato == valor) {
        *cabeza = temp->siguiente;
        free(temp);
        return;
    }

    // Buscar el nodo a eliminar
    while (temp != NULL && temp->dato != valor) {
        prev = temp;
        temp = temp->siguiente;
    }

    // Si el valor no se encontró
    if (temp == NULL) return;

    // Desconectar el nodo y liberarlo
```

```
    prev->siguiente = temp->siguiente;
    free(temp);
}

// Función para mostrar los elementos de la lista
void mostrarLista(struct Nodo *nodo) {
    while (nodo != NULL) {
        printf("%d -> ", nodo->dato);
        nodo = nodo->siguiente;
    }
    printf("NULL\n");
}

int main() {
    struct Nodo *cabeza = NULL;
    int opcion, valor;

    do {
        printf("\n--- Menú de Lista Enlazada ---\n");
        printf("1. Insertar un elemento al final\n");
        printf("2. Eliminar un elemento\n");
        printf("3. Mostrar la lista\n");
        printf("4. Salir\n");
        printf("Seleccione una opción: ");
        scanf("%d", &opcion);

        switch(opcion) {
            case 1:
                printf("Ingrese el valor a insertar: ");
                scanf("%d", &valor);
                insertarAlFinal(&cabeza, valor);
                printf("Elemento %d insertado.\n",
valor);
                break;
            case 2:
                printf("Ingrese el valor a eliminar: ");
                scanf("%d", &valor);
                eliminarNodo(&cabeza, valor);
```

```
                printf("Elemento %d eliminado (si
existía).\n", valor);
                break;
            case 3:
                printf("Contenido de la lista: ");
                mostrarLista(cabeza);
                break;
    case 4:

                printf("Saliendo del programa.\n");
                break;
            default:
                printf("Opción inválida. Intente
nuevamente.\n");
        }
    } while(opcion != 4);

    // Liberar memoria restante
    struct Nodo *temp;
    while (cabeza != NULL) {
        temp = cabeza;
        cabeza = cabeza->siguiente;
        free(temp);
    }

    return 0;
}
```

Ejercicio 51: Implementación de una Pila (Stack) usando Arreglos

Objetivo: Crear una estructura de datos de tipo pila (LIFO) utilizando arreglos, permitiendo operaciones de apilar, desapilar y visualizar los elementos.
Descripción: Las pilas son estructuras de datos fundamentales que siguen el principio de "último en entrar, primero en salir". Este ejercicio te ayudará a comprender cómo implementar y manejar una pila en C.

Pasos a seguir:

Define las constantes y la estructura de la pila:

```
#include <stdio.h>
#define MAX 100

struct Pila {
    int elementos[MAX];
    int cima;
};
```

1. **Implementa las funciones para inicializar, apilar, desapilar y mostrar la pila:**

```
// Función para inicializar la pila
void inicializarPila(struct Pila *p) {
    p->cima = -1;
}


// Función para verificar si la pila está llena
int estaLlena(struct Pila *p) {
    return p->cima == MAX - 1;
}


// Función para verificar si la pila está vacía
int estaVacia(struct Pila *p) {
    return p->cima == -1;
}

// Función para apilar un elemento
void apilar(struct Pila *p, int valor) {
    if (estaLlena(p)) {
        printf("Error: La pila está llena.\n");
        return;
    }
    p->elementos[++(p->cima)] = valor;
```

```c
    printf("Elemento %d apilado.\n", valor);
}

// Función para desapilar un elemento
int desapilar(struct Pila *p) {
    if (estaVacia(p)) {
    printf("Error: La pila está vacía.\n");
        return -1;
    }
    return p->elementos[(p->cima)--];
}

// Función para mostrar los elementos de la pila
void mostrarPila(struct Pila *p) {
    if (estaVacia(p)) {
        printf("La pila está vacía.\n");
        return;
    }
    printf("Elementos de la pila:\n");
    for(int i = p->cima; i >= 0; i--) {
        printf("%d\n", p->elementos[i]);
    }
}
```

2. **Implementa el main para interactuar con la pila:**

int main() {

```c
    struct Pila pila;
    int opcion, valor, elemento;

    inicializarPila(&pila);

    do {
        printf("\n--- Menú de Pila ---\n");
        printf("1. Apilar un elemento\n");
        printf("2. Desapilar un elemento\n");
        printf("3. Mostrar la pila\n");
```

```
        printf("4. Salir\n");
        printf("Seleccione una opción: ");
        scanf("%d", &opcion);
```

switch(opcion) {

case 1:

```
                printf("Ingrese el valor a apilar: ");
                scanf("%d", &valor);
                apilar(&pila, valor);
                break;
            case 2:
                elemento = desapilar(&pila);
                if(elemento != -1)
                    printf("Elemento %d desapilado.\n", elemento);
                break;
            case 3:
                mostrarPila(&pila);
                break;
```

case 4:

```
                printf("Saliendo del programa.\n");
                break;
            default:
                printf("Opción inválida. Intente nuevamente.\n");
        }
    } while(opcion != 4);

    return 0;
}
```

3. **Compila y ejecuta el programa.**

4. **Interactúa con el menú:**

   - Apila varios elementos y verifica que se agreguen correctamente.
   - Desapila elementos y verifica que se eliminen en el orden correcto.
   - Muestra la pila para observar su estado actual.

Código Completo:

```
#include <stdio.h>
#define MAX 100

struct Pila {
    int elementos[MAX];
    int cima;
};

// Función para inicializar la pila
void inicializarPila(struct Pila *p) {
    p->cima = -1;
}

// Función para verificar si la pila está llena
int estaLlena(struct Pila *p) {
    return p->cima == MAX - 1;
}

// Función para verificar si la pila está vacía
int estaVacia(struct Pila *p) {
    return p->cima == -1;
}

// Función para apilar un elemento
```

```c
void apilar(struct Pila *p, int valor) {
    if (estaLlena(p)) {
        printf("Error: La pila está llena.\n");
        return;
    }
    p->elementos[++(p->cima)] = valor;
    printf("Elemento %d apilado.\n", valor);
}

// Función para desapilar un elemento
int desapilar(struct Pila *p) {
    if (estaVacia(p)) {
        printf("Error: La pila está vacía.\n");
        return -1;
    }
    return p->elementos[(p->cima)--];
}

// Función para mostrar los elementos de la pila
void mostrarPila(struct Pila *p) {
    if (estaVacia(p)) {
        printf("La pila está vacía.\n");
        return;
    }
    printf("Elementos de la pila:\n");
    for(int i = p->cima; i >= 0; i--) {
        printf("%d\n", p->elementos[i]);
    }
}

int main() {
    struct Pila pila;
    int opcion, valor, elemento;

    inicializarPila(&pila);

    do {
        printf("\n--- Menú de Pila ---\n");
```

```
        printf("1. Apilar un elemento\n");
        printf("2. Desapilar un elemento\n");
        printf("3. Mostrar la pila\n");
        printf("4. Salir\n");
        printf("Seleccione una opción: ");
        scanf("%d", &opcion);

        switch(opcion) {
            case 1:
                printf("Ingrese el valor a apilar: ");
                scanf("%d", &valor);
                apilar(&pila, valor);
                break;
            case 2:
                elemento = desapilar(&pila);
                if(elemento != -1)
                    printf("Elemento %d desapilado.\n",
elemento);
                break;
            case 3:
                mostrarPila(&pila);
                break;
            case 4:
                printf("Saliendo del programa.\n");
                break;
            default:
                printf("Opción inválida. Intente
nuevamente.\n");
        }
    } while(opcion != 4);

    return 0;
}
```

Ejercicio 52: Implementación de una Cola (Queue) usando Listas Enlazadas

Objetivo: Crear una estructura de datos de tipo cola (FIFO) utilizando listas enlazadas, permitiendo operaciones de encolar, desencolar y visualizar los elementos.

Descripción: Las colas son estructuras de datos fundamentales que siguen el principio de "primero en entrar, primero en salir". Este ejercicio te ayudará a comprender cómo implementar y manejar una cola en C usando listas enlazadas.

Pasos a seguir:

1. **Define la estructura del nodo y de la cola:**

```
#include <stdio.h>
#include <stdlib.h>

// Definición de la estructura del nodo
struct Nodo {
    int dato;
    struct Nodo *siguiente;
};


// Definición de la estructura de la cola
struct Cola {
    struct Nodo *frente;
    struct Nodo *final;
};
```

2. **Implementa las funciones para inicializar, encolar, desencolar y mostrar la cola:**

```
// Función para inicializar la cola

void inicializarCola(struct Cola *c) {

    c->frente = c->final = NULL;

}


// Función para encolar un elemento
void encolar(struct Cola *c, int valor) {
    struct Nodo *nuevoNodo = (struct
Nodo*)malloc(sizeof(struct Nodo));
    if(nuevoNodo == NULL) {
        printf("Error: No se pudo asignar memoria.\n");
        return;
    }
    nuevoNodo->dato = valor;
    nuevoNodo->siguiente = NULL;


  if(c->final == NULL) {
        c->frente = c->final = nuevoNodo;
        return;
    }

    c->final->siguiente = nuevoNodo;
    c->final = nuevoNodo;
    printf("Elemento %d encolado.\n", valor);
}

// Función para desencolar un elemento
int desencolar(struct Cola *c) {

    if(c->frente == NULL) {
```

```
        printf("Error: La cola está vacía.\n");
        return -1;
    }

    struct Nodo *temp = c->frente;
    int valor = temp->dato;
    c->frente = c->frente->siguiente;

    if(c->frente == NULL)
        c->final = NULL;

    free(temp);
    return valor;
}

// Función para mostrar los elementos de la cola
void mostrarCola(struct Cola *c) {
    struct Nodo *temp = c->frente;
    if(temp == NULL) {
        printf("La cola está vacía.\n");
        return;
    }

    printf("Elementos de la cola: ");
    while(temp != NULL) {
        printf("%d -> ", temp->dato);
        temp = temp->siguiente;
    }
    printf("NULL\n");
}
```

3. **Implementa el main para interactuar con la cola:**

```
int main() {
    struct Cola cola;
    int opcion, valor;
```

```
    inicializarCola(&cola);

    do {
        printf("\n--- Menú de Cola ---\n");
        printf("1. Encolar un elemento\n");
        printf("2. Desencolar un elemento\n");
        printf("3. Mostrar la cola\n");
        printf("4. Salir\n");
        printf("Seleccione una opción: ");
        scanf("%d", &opcion);

        switch(opcion) {
            case 1:
                printf("Ingrese el valor a encolar: ");
                scanf("%d", &valor);
                encolar(&cola, valor);
                break;
            case 2:
                valor = desencolar(&cola);
        if(valor != -1)
                    printf("Elemento %d desencolado.\n",
valor);
                break;
            case 3:
                mostrarCola(&cola);
                break;
            case 4:
                printf("Saliendo del programa.\n");
                break;
            default:
                printf("Opción inválida. Intente
nuevamente.\n");
        }
    } while(opcion != 4);

    // Liberar memoria restante
    struct Nodo *temp;
```

```
    while (cola.frente != NULL) {
        temp = cola.frente;
        cola.frente = cola.frente->siguiente;
        free(temp);
    }

    return 0;
}
```

4. **Compila y ejecuta el programa.**

5. **Interactúa con el menú:**

    - Encola varios elementos y verifica que se agreguen correctamente.

    - Desencola elementos y verifica que se eliminen en el orden correcto.

    - Muestra la cola para observar su estado actual.

Código Completo:

```
#include <stdio.h>
#include <stdlib.h>

// Definición de la estructura del nodo
struct Nodo {
    int dato;
    struct Nodo *siguiente;
};

// Definición de la estructura de la cola
struct Cola {
    struct Nodo *frente;
    struct Nodo *final;
};
```

```
// Función para inicializar la cola
void inicializarCola(struct Cola *c) {
    c->frente = c->final = NULL;
}

// Función para encolar un elemento
void encolar(struct Cola *c, int valor) {
    struct Nodo *nuevoNodo = (struct
Nodo*)malloc(sizeof(struct Nodo));
    if(nuevoNodo == NULL) {
        printf("Error: No se pudo asignar memoria.\n");
        return;
    }
    nuevoNodo->dato = valor;
    nuevoNodo->siguiente = NULL;

    if(c->final == NULL) {
        c->frente = c->final = nuevoNodo;
        return;
    }

    c->final->siguiente = nuevoNodo;
    c->final = nuevoNodo;
    printf("Elemento %d encolado.\n", valor);
}

// Función para desencolar un elemento
int desencolar(struct Cola *c) {
    if(c->frente == NULL) {
        printf("Error: La cola está vacía.\n");
        return -1;
    }

    struct Nodo *temp = c->frente;
    int valor = temp->dato;
    c->frente = c->frente->siguiente;
```

```
    if(c->frente == NULL)
        c->final = NULL;

    free(temp);
    return valor;
}

// Función para mostrar los elementos de la cola
void mostrarCola(struct Cola *c) {
    struct Nodo *temp = c->frente;
    if(temp == NULL) {
        printf("La cola está vacía.\n");
        return;
    }

    printf("Elementos de la cola: ");
    while(temp != NULL) {
        printf("%d -> ", temp->dato);
        temp = temp->siguiente;
    }
    printf("NULL\n");
}

int main() {
    struct Cola cola;
    int opcion, valor;

    inicializarCola(&cola);

    do {
        printf("\n--- Menú de Cola ---\n");
        printf("1. Encolar un elemento\n");
        printf("2. Desencolar un elemento\n");
        printf("3. Mostrar la cola\n");
        printf("4. Salir\n");
        printf("Seleccione una opción: ");
        scanf("%d", &opcion);
```

```
        switch(opcion) {
            case 1:
                printf("Ingrese el valor a encolar: ");
                scanf("%d", &valor);
                encolar(&cola, valor);
                break;
            case 2:
                valor = desencolar(&cola);
                if(valor != -1)
                    printf("Elemento %d desencolado.\n",
valor);
                break;
            case 3:
                mostrarCola(&cola);
                break;
            case 4:
                printf("Saliendo del programa.\n");
                break;
            default:
                printf("Opción inválida. Intente
nuevamente.\n");
        }
    } while(opcion != 4);

    // Liberar memoria restante
    struct Nodo *temp;
    while (cola.frente != NULL) {
        temp = cola.frente;
        cola.frente = cola.frente->siguiente;
        free(temp);
    }

    return 0;
}
```

Ejercicio 53: Uso de Punteros a Funciones

Objetivo: Comprender cómo utilizar punteros a funciones para almacenar y llamar funciones dinámicamente.

Descripción: Los punteros a funciones permiten pasar funciones como argumentos, almacenarlas en arreglos y llamarlas en tiempo de ejecución. Este ejercicio te ayudará a entender cómo manejar punteros a funciones en C.

Pasos a seguir:

1. **Define algunas funciones básicas que realizarán operaciones matemáticas:**

```
#include <stdio.h>

// Funciones matemáticas
int sumar(int a, int b) {
    return a + b;
}

int restar(int a, int b) {
    return a - b;
}
```

```
int multiplicar(int a, int b) {
    return a * b;
}

int dividir(int a, int b) {
    if(b != 0)
        return a / b;
    else {
```

```
        printf("Error: División por cero.\n");
        return 0;
    }
}
```

2. **Implementa el main utilizando punteros a funciones:**

```
int main() {
    // Definición de un puntero a función que toma dos
enteros y devuelve un entero
    int (*operacion)(int, int);
    int opcion, num1, num2, resultado;

    do {
        printf("\n--- Menú de Operaciones ---\n");
        printf("1. Sumar\n");
        printf("2. Restar\n");
        printf("3. Multiplicar\n");
        printf("4. Dividir\n");
        printf("5. Salir\n");

        printf("Seleccione una opción: ");
        scanf("%d", &opcion);

        if(opcion >=1 && opcion <=4) {
            printf("Ingrese el primer número: ");
      scanf("%d", &num1);
            printf("Ingrese el segundo número: ");
            scanf("%d", &num2);
        }


        switch(opcion) {
            case 1:
                operacion = sumar;
                resultado = operacion(num1, num2);
                printf("Resultado: %d + %d = %d\n", num1,
num2, resultado);
```

```
            break;
        case 2:
            operacion = restar;
            resultado = operacion(num1, num2);
            printf("Resultado: %d - %d = %d\n", num1,
num2, resultado);
            break;
```
case 3:

```
            operacion = multiplicar;
            resultado = operacion(num1, num2);
            printf("Resultado: %d * %d = %d\n", num1,
num2, resultado);
            break;
        case 4:
            operacion = dividir;
            resultado = operacion(num1, num2);
            printf("Resultado: %d / %d = %d\n", num1,
num2, resultado);
            break;
        case 5:
            printf("Saliendo del programa.\n");
            break;
        default:
            printf("Opción inválida. Intente
nuevamente.\n");
        }
    } while(opcion != 5);

    return 0;
}
```

3. **Compila y ejecuta el programa.**

4. **Interactúa con el menú:**

    - Selecciona diferentes operaciones y verifica que se ejecuten correctamente.

- Observa cómo el puntero a función operacion apunta a diferentes funciones según la elección del usuario.

Código Completo:

```
#include <stdio.h>

// Funciones matemáticas
int sumar(int a, int b) {
    return a + b;
}

int restar(int a, int b) {
    return a - b;
}

int multiplicar(int a, int b) {
    return a * b;
}

int dividir(int a, int b) {
    if(b != 0)
        return a / b;
    else {
        printf("Error: División por cero.\n");
        return 0;
    }
}

int main() {
    // Definición de un puntero a función que toma dos
enteros y devuelve un entero
    int (*operacion)(int, int);
    int opcion, num1, num2, resultado;

    do {
        printf("\n--- Menú de Operaciones ---\n");
```

```
printf("1. Sumar\n");
printf("2. Restar\n");
printf("3. Multiplicar\n");
printf("4. Dividir\n");
printf("5. Salir\n");
printf("Seleccione una opción: ");
scanf("%d", &opcion);

if(opcion >=1 && opcion <=4) {
    printf("Ingrese el primer número: ");
    scanf("%d", &num1);
    printf("Ingrese el segundo número: ");
    scanf("%d", &num2);
}

switch(opcion) {
case 1:

        operacion = sumar;
        resultado = operacion(num1, num2);
        printf("Resultado: %d + %d = %d\n", num1,
num2, resultado);
        break;
    case 2:
        operacion = restar;
        resultado = operacion(num1, num2);
        printf("Resultado: %d - %d = %d\n", num1,
num2, resultado);
break;

case 3:

operacion = multiplicar;
        resultado = operacion(num1, num2);
        printf("Resultado: %d * %d = %d\n", num1,
num2, resultado);
        break;
```

```
            case 4:
                operacion = dividir;
                resultado = operacion(num1, num2);
        printf("Resultado: %d / %d = %d\n", num1, num2,
resultado);
                break;
        case 5:

                printf("Saliendo del programa.\n");
                break;
            default:
                printf("Opción inválida. Intente
nuevamente.\n");
        }
    } while(opcion != 5);

    return 0;
}
```

Ejercicio 54: Sistema de Gestión de Biblioteca usando Archivos

Objetivo: Crear un sistema sencillo de gestión de biblioteca que permita agregar, buscar, eliminar y mostrar libros almacenados en un archivo de texto.

Descripción: Este ejercicio combina el manejo de estructuras de datos, manejo de archivos y funciones para crear una aplicación práctica que gestiona información de manera persistente.

Pasos a seguir:

1. **Define la estructura para almacenar la información de un libro:**

```c
#include <stdio.h>
#include <stdlib.h>
#include <string.h>

struct Libro {
    int id;
    char titulo[100];
    char autor[50];
    int anio;
};
```

2. **Implementa las funciones para agregar, buscar, eliminar y mostrar libros:**

```c
// Función para agregar un libro al archivo
void agregarLibro() {
    FILE *archivo = fopen("biblioteca.txt", "a");
    if(archivo == NULL) {
        printf("Error al abrir el archivo.\n");
        return;
    }

    struct Libro libro;
    printf("Ingrese el ID del libro: ");
    scanf("%d", &libro.id);
    getchar(); // Limpiar el buffer
    printf("Ingrese el título del libro: ");
    fgets(libro.titulo, sizeof(libro.titulo), stdin);
    libro.titulo[strcspn(libro.titulo, "\n")] = '\0'; //
Eliminar salto de línea
    printf("Ingrese el autor del libro: ");
    fgets(libro.autor, sizeof(libro.autor), stdin);
    libro.autor[strcspn(libro.autor, "\n")] = '\0';
    printf("Ingrese el año de publicación: ");
    scanf("%d", &libro.anio);

    // Escribir en el archivo
    fprintf(archivo, "%d;%s;%s;%d\n", libro.id,
libro.titulo, libro.autor, libro.anio);
```

```
    fclose(archivo);
    printf("Libro agregado exitosamente.\n");
}

// Función para mostrar todos los libros
void mostrarLibros() {
    FILE *archivo = fopen("biblioteca.txt", "r");
    if(archivo == NULL) {
        printf("Error al abrir el archivo o el archivo
está vacío.\n");
        return;
    }

    struct Libro libro;
    printf("\n--- Lista de Libros ---\n");
    printf("ID\tTítulo\t\tAutor\t\tAño\n");
    printf("-----------------------------------------------
--------------\n");
    while(fscanf(archivo, "%d;%[^;];%[^;];%d\n",
&libro.id, libro.titulo, libro.autor, &libro.anio) !=
EOF) {
        printf("%d\t%s\t\t%s\t\t%d\n", libro.id,
libro.titulo, libro.autor, libro.anio);
    }
    fclose(archivo);
}

// Función para buscar un libro por ID
void buscarLibro() {
    FILE *archivo = fopen("biblioteca.txt", "r");
    if(archivo == NULL) {
        printf("Error al abrir el archivo.\n");
        return;
    }
```

```
    int buscarID;
    printf("Ingrese el ID del libro a buscar: ");
    scanf("%d", &buscarID);


    struct Libro libro;
    int encontrado = 0;
    while(fscanf(archivo, "%d;%[^;];%[^;];%d\n",
&libro.id, libro.titulo, libro.autor, &libro.anio) !=
EOF) {
        if(libro.id == buscarID) {
            printf("\n--- Libro Encontrado ---\n");
            printf("ID: %d\n", libro.id);
            printf("Título: %s\n", libro.titulo);
            printf("Autor: %s\n", libro.autor);
            printf("Año de Publicación: %d\n",
libro.anio);
            encontrado = 1;
            break;
        }
    }

    if(!encontrado)
        printf("Libro con ID %d no encontrado.\n",
buscarID);

    fclose(archivo);
}

// Función para eliminar un libro por ID
void eliminarLibro() {
    FILE *archivo = fopen("biblioteca.txt", "r");
    FILE *temp = fopen("temp.txt", "w");
    if(archivo == NULL || temp == NULL) {
        printf("Error al abrir los archivos.\n");
```

```
        return;
    }

    int eliminarID;
    printf("Ingrese el ID del libro a eliminar: ");
    scanf("%d", &eliminarID);

    struct Libro libro;
    int encontrado = 0;
    while(fscanf(archivo, "%d;%[^;];%[^;];%d\n",
&libro.id, libro.titulo, libro.autor, &libro.anio) !=
EOF) {
        if(libro.id == eliminarID) {
            encontrado = 1;
            continue; // Saltar la escritura de este
libro
    }

        fprintf(temp, "%d;%s;%s;%d\n", libro.id,
libro.titulo, libro.autor, libro.anio);
    }

    fclose(archivo);
    fclose(temp);

    if(encontrado) {
        remove("biblioteca.txt");
        rename("temp.txt", "biblioteca.txt");
        printf("Libro con ID %d eliminado
exitosamente.\n", eliminarID);
    }
    else {
        remove("temp.txt");
        printf("Libro con ID %d no encontrado.\n",
eliminarID);
    }
}
```

3. **Implementa el main para interactuar con el sistema de gestión de biblioteca:**

```
int main() {
    int opcion;

    do {
        printf("\n--- Sistema de Gestión de Biblioteca --
-\n");
        printf("1. Agregar un libro\n");
        printf("2. Mostrar todos los libros\n");
        printf("3. Buscar un libro por ID\n");
        printf("4. Eliminar un libro por ID\n");
        printf("5. Salir\n");
        printf("Seleccione una opción: ");
        scanf("%d", &opcion);


        switch(opcion) {
            case 1:
                agregarLibro();
                break;
            case 2:
                mostrarLibros();
                break;
            case 3:
                buscarLibro();
                break;
            case 4:
                eliminarLibro();
                break;
            case 5:
                printf("Saliendo del programa.\n");
                break;
            default:
                printf("Opción inválida. Intente
nuevamente.\n");
```

```
        }
    } while(opcion != 5);

    return 0;
}
```

4. **Compila y ejecuta el programa.**

5. **Interactúa con el menú:**

   - **Agregar Libros:** Añade varios libros ingresando su ID, título, autor y año de publicación.

   - **Mostrar Libros:** Verifica que los libros se muestren correctamente.

   - **Buscar Libros:** Busca libros por su ID para verificar que la búsqueda funcione.

   - **Eliminar Libros:** Elimina libros por su ID y verifica que se eliminen correctamente.

Código Completo:

```
#include <stdio.h>
#include <stdlib.h>
#include <string.h>

struct Libro {
    int id;
    char titulo[100];
    char autor[50];
    int anio;
};

// Función para agregar un libro al archivo
void agregarLibro() {
```

```
    FILE *archivo = fopen("biblioteca.txt", "a");
    if(archivo == NULL) {
        printf("Error al abrir el archivo.\n");
        return;
    }

    struct Libro libro;
    printf("Ingrese el ID del libro: ");
    scanf("%d", &libro.id);
    getchar(); // Limpiar el buffer
    printf("Ingrese el título del libro: ");
    fgets(libro.titulo, sizeof(libro.titulo), stdin);
    libro.titulo[strcspn(libro.titulo, "\n")] = '\0'; //
Eliminar salto de línea
    printf("Ingrese el autor del libro: ");
    fgets(libro.autor, sizeof(libro.autor), stdin);
    libro.autor[strcspn(libro.autor, "\n")] = '\0';
    printf("Ingrese el año de publicación: ");
    scanf("%d", &libro.anio);

    // Escribir en el archivo
    fprintf(archivo, "%d;%s;%s;%d\n", libro.id,
libro.titulo, libro.autor, libro.anio);
    fclose(archivo);
    printf("Libro agregado exitosamente.\n");
}

// Función para mostrar todos los libros
void mostrarLibros() {
    FILE *archivo = fopen("biblioteca.txt", "r");
    if(archivo == NULL) {
        printf("Error al abrir el archivo o el archivo
está vacío.\n");
        return;
    }

    struct Libro libro;
    printf("\n--- Lista de Libros ---\n");
```

```
    printf("ID\tTítulo\t\tAutor\t\tAño\n");
    printf("------------------------------------------
--------------\n");
    while(fscanf(archivo, "%d;%[^;];%[^;];%d\n",
&libro.id, libro.titulo, libro.autor, &libro.anio) !=
EOF) {
        printf("%d\t%s\t\t%s\t\t%d\n", libro.id,
libro.titulo, libro.autor, libro.anio);
    }
    fclose(archivo);
}

// Función para buscar un libro por ID
void buscarLibro() {
    FILE *archivo = fopen("biblioteca.txt", "r");
    if(archivo == NULL) {
        printf("Error al abrir el archivo.\n");
        return;
    }

    int buscarID;
    printf("Ingrese el ID del libro a buscar: ");
    scanf("%d", &buscarID);

    struct Libro libro;
    int encontrado = 0;
    while(fscanf(archivo, "%d;%[^;];%[^;];%d\n",
&libro.id, libro.titulo, libro.autor, &libro.anio) !=
EOF) {
        if(libro.id == buscarID) {
            printf("\n--- Libro Encontrado ---\n");
            printf("ID: %d\n", libro.id);
            printf("Título: %s\n", libro.titulo);
            printf("Autor: %s\n", libro.autor);
            printf("Año de Publicación: %d\n",
libro.anio);
            encontrado = 1;
            break;
```

```
        }
    }

    if(!encontrado)
        printf("Libro con ID %d no encontrado.\n",
buscarID);

    fclose(archivo);
}

// Función para eliminar un libro por ID
void eliminarLibro() {
    FILE *archivo = fopen("biblioteca.txt", "r");
    FILE *temp = fopen("temp.txt", "w");
    if(archivo == NULL || temp == NULL) {
        printf("Error al abrir los archivos.\n");
        return;
    }

    int eliminarID;
    printf("Ingrese el ID del libro a eliminar: ");
    scanf("%d", &eliminarID);

    struct Libro libro;
    int encontrado = 0;
    while(fscanf(archivo, "%d;%[^;];%[^;];%d\n",
&libro.id, libro.titulo, libro.autor, &libro.anio) !=
EOF) {
        if(libro.id == eliminarID) {
            encontrado = 1;
            continue; // Saltar la escritura de este
libro
        }
        fprintf(temp, "%d;%s;%s;%d\n", libro.id,
libro.titulo, libro.autor, libro.anio);
    }

    fclose(archivo);
```

```
    fclose(temp);

    if(encontrado) {
        remove("biblioteca.txt");
        rename("temp.txt", "biblioteca.txt");
        printf("Libro con ID %d eliminado
exitosamente.\n", eliminarID);
    }
    else {
        remove("temp.txt");
        printf("Libro con ID %d no encontrado.\n",
eliminarID);
    }
}

int main() {
    int opcion;

    do {
        printf("\n--- Sistema de Gestión de Biblioteca --
-\n");
        printf("1. Agregar un libro\n");
        printf("2. Mostrar todos los libros\n");
        printf("3. Buscar un libro por ID\n");
        printf("4. Eliminar un libro por ID\n");
        printf("5. Salir\n");
        printf("Seleccione una opción: ");
        scanf("%d", &opcion);

        switch(opcion) {
            case 1:
                agregarLibro();
                break;
            case 2:
                mostrarLibros();
                break;
            case 3:
                buscarLibro();
```

```
                break;
            case 4:
                eliminarLibro();
                break;
            case 5:
                printf("Saliendo del programa.\n");
                break;
            default:
                printf("Opción inválida. Intente 
nuevamente.\n");
        }
    } while(opcion != 5);

    return 0;
}
```

Ejercicio 55: Implementación de un Árbol Binario de Búsqueda (Binary Search Tree)

Objetivo: Crear e implementar un Árbol Binario de Búsqueda (ABB) que permita insertar, buscar y recorrer (inorden, preorden, postorden) los elementos.

Descripción: Los árboles binarios de búsqueda son estructuras de datos jerárquicas que facilitan operaciones eficientes de búsqueda, inserción y eliminación. Este ejercicio te ayudará a comprender cómo funcionan los árboles binarios y cómo manipular nodos usando punteros.

Pasos a seguir:

1. **Define la estructura del nodo del árbol:**

```
#include <stdio.h>
#include <stdlib.h>
```

```
// Definición de la estructura del nodo
struct Nodo {
    int dato;
    struct Nodo *izquierda;
    struct Nodo *derecha;
};
```

2. **Implementa las funciones para crear un nuevo nodo, insertar elementos y realizar recorridos:**

```
// Función para crear un nuevo nodo
struct Nodo* crearNodo(int valor) {
    struct Nodo* nuevoNodo = (struct
Nodo*)malloc(sizeof(struct Nodo));
    if (nuevoNodo == NULL) {
        printf("Error al asignar memoria.\n");
        exit(1);
    }
    nuevoNodo->dato = valor;
    nuevoNodo->izquierda = nuevoNodo->derecha = NULL;
    return nuevoNodo;
}

// Función para insertar un nuevo valor en el ABB
struct Nodo* insertar(struct Nodo* raiz, int valor) {
    if (raiz == NULL) {
        return crearNodo(valor);
    }
    if (valor < raiz->dato) {
        raiz->izquierda = insertar(raiz->izquierda,
valor);
    } else if (valor > raiz->dato) {
        raiz->derecha = insertar(raiz->derecha, valor);
    }
    // Si el valor ya existe, no lo inserta nuevamente
    return raiz;
}

// Recorrido Inorden
```

```c
void inorden(struct Nodo* raiz) {
    if (raiz != NULL) {
        inorden(raiz->izquierda);
        printf("%d ", raiz->dato);
        inorden(raiz->derecha);
    }
}

// Recorrido Preorden
void preorden(struct Nodo* raiz) {
    if (raiz != NULL) {
        printf("%d ", raiz->dato);
        preorden(raiz->izquierda);
        preorden(raiz->derecha);
    }
}

// Recorrido Postorden
void postorden(struct Nodo* raiz) {
    if (raiz != NULL) {
        postorden(raiz->izquierda);
        postorden(raiz->derecha);
        printf("%d ", raiz->dato);
    }
}

// Función para buscar un valor en el ABB
struct Nodo* buscar(struct Nodo* raiz, int valor) {
    if (raiz == NULL || raiz->dato == valor)
        return raiz;
    if (valor < raiz->dato)
        return buscar(raiz->izquierda, valor);
    else
        return buscar(raiz->derecha, valor);
}
```

3. **Implementa el main para interactuar con el Árbol Binario de Búsqueda:**

```
int main() {
    struct Nodo* raiz = NULL;
    int opcion, valor;
    struct Nodo* resultado;


    do {
        printf("\n--- Menú de Árbol Binario de Búsqueda -
--\n");
        printf("1. Insertar un elemento\n");
        printf("2. Buscar un elemento\n");
        printf("3. Recorrido Inorden\n");
        printf("4. Recorrido Preorden\n");
        printf("5. Recorrido Postorden\n");
        printf("6. Salir\n");
        printf("Seleccione una opción: ");
        scanf("%d", &opcion);

        switch(opcion) {
            case 1:
                printf("Ingrese el valor a insertar: ");
                scanf("%d", &valor);
                raiz = insertar(raiz, valor);
                printf("Elemento %d insertado.\n",
valor);
                break;
            case 2:
                printf("Ingrese el valor a buscar: ");
                scanf("%d", &valor);
                resultado = buscar(raiz, valor);
                if(resultado != NULL)
                    printf("Elemento %d encontrado en el
árbol.\n", valor);
                else
                    printf("Elemento %d no encontrado en
el árbol.\n", valor);
                break;
            case 3:
```

```
                printf("Recorrido Inorden: ");
                inorden(raiz);
                printf("\n");
                break;
            case 4:
                printf("Recorrido Preorden: ");
                preorden(raiz);
                printf("\n");
                break;
            case 5:
                printf("Recorrido Postorden: ");
                postorden(raiz);
                printf("\n");
                break;
            case 6:
                printf("Saliendo del programa.\n");
                break;
            default:
                printf("Opción inválida. Intente
nuevamente.\n");
        }
    } while(opcion != 6);


    return 0;
}
```

4. **Compila y ejecuta el programa.**

5. **Interactúa con el menú:**

    - **Insertar Elementos:** Añade varios números al árbol.

    - **Buscar Elementos:** Busca números específicos para verificar si existen en el árbol.

- **Recorridos:** Realiza diferentes recorridos para ver el orden en que se visitan los nodos.

Código Completo:

```
#include <stdio.h>
#include <stdlib.h>

// Definición de la estructura del nodo
struct Nodo {
    int dato;
    struct Nodo *izquierda;
    struct Nodo *derecha;
};

// Función para crear un nuevo nodo
struct Nodo* crearNodo(int valor) {
    struct Nodo* nuevoNodo = (struct
Nodo*)malloc(sizeof(struct Nodo));
    if (nuevoNodo == NULL) {
        printf("Error al asignar memoria.\n");
        exit(1);
    }
    nuevoNodo->dato = valor;
    nuevoNodo->izquierda = nuevoNodo->derecha = NULL;
    return nuevoNodo;
}

// Función para insertar un nuevo valor en el ABB
struct Nodo* insertar(struct Nodo* raiz, int valor) {
    if (raiz == NULL) {
        return crearNodo(valor);
    }
    if (valor < raiz->dato) {
        raiz->izquierda = insertar(raiz->izquierda,
valor);
    } else if (valor > raiz->dato) {
```

```
        raiz->derecha = insertar(raiz->derecha, valor);
    }
    // Si el valor ya existe, no lo inserta nuevamente
    return raiz;
}


// Recorrido Inorden
void inorden(struct Nodo* raiz) {
    if (raiz != NULL) {
        inorden(raiz->izquierda);
        printf("%d ", raiz->dato);
        inorden(raiz->derecha);
    }
}

// Recorrido Preorden
void preorden(struct Nodo* raiz) {

  if (raiz != NULL) {
        printf("%d ", raiz->dato);
        preorden(raiz->izquierda);
        preorden(raiz->derecha);
    }
}

// Recorrido Postorden
void postorden(struct Nodo* raiz) {
    if (raiz != NULL) {
        postorden(raiz->izquierda);
        postorden(raiz->derecha);
        printf("%d ", raiz->dato);
    }
}

// Función para buscar un valor en el ABB
struct Nodo* buscar(struct Nodo* raiz, int valor) {
```

```
    if (raiz == NULL || raiz->dato == valor)
        return raiz;
    if (valor < raiz->dato)
        return buscar(raiz->izquierda, valor);
    else
        return buscar(raiz->derecha, valor);
}

int main() {
    struct Nodo* raiz = NULL;
    int opcion, valor;
    struct Nodo* resultado;

    do {
        printf("\n--- Menú de Árbol Binario de Búsqueda -
--\n");
        printf("1. Insertar un elemento\n");
        printf("2. Buscar un elemento\n");
        printf("3. Recorrido Inorden\n");
        printf("4. Recorrido Preorden\n");
        printf("5. Recorrido Postorden\n");
        printf("6. Salir\n");
        printf("Seleccione una opción: ");
        scanf("%d", &opcion);

        switch(opcion) {
            case 1:
                printf("Ingrese el valor a insertar: ");
                scanf("%d", &valor);
                raiz = insertar(raiz, valor);
                printf("Elemento %d insertado.\n",
valor);
                break;
            case 2:
                printf("Ingrese el valor a buscar: ");
                scanf("%d", &valor);
                resultado = buscar(raiz, valor);
                if(resultado != NULL)
```

```
                printf("Elemento %d encontrado en el
árbol.\n", valor);
            else
                printf("Elemento %d no encontrado en
el árbol.\n", valor);
            break;
        case 3:
            printf("Recorrido Inorden: ");
            inorden(raiz);
            printf("\n");
            break;
        case 4:
            printf("Recorrido Preorden: ");
            preorden(raiz);
            printf("\n");
            break;
        case 5:
            printf("Recorrido Postorden: ");
            postorden(raiz);
            printf("\n");
            break;
        case 6:
            printf("Saliendo del programa.\n");
            break;
        default:
            printf("Opción inválida. Intente
nuevamente.\n");
        }
    } while(opcion != 6);

    return 0;
}
```

Ejercicio 56: Implementación del Algoritmo Quicksort

Objetivo: Implementar el algoritmo de ordenamiento Quicksort para ordenar un arreglo de números enteros de manera eficiente.

Descripción: Quicksort es un algoritmo de ordenamiento eficiente basado en el paradigma de "divide y vencerás". Este ejercicio te ayudará a comprender cómo funciona Quicksort y cómo implementarlo en C.

Pasos a seguir:

1. **Define las funciones de Quicksort, incluyendo la función de partición:**

```
// Función de partición
int particion(int arreglo[], int bajo, int alto) {
    int pivote = arreglo[alto];
    int i = (bajo - 1);
    for(int j = bajo; j <= alto - 1; j++) {
        if(arreglo[j] < pivote) {
            i++;
            // Intercambiar arreglo[i] y arreglo[j]
            int temp = arreglo[i];
            arreglo[i] = arreglo[j];
            arreglo[j] = temp;
        }
    }
    // Intercambiar arreglo[i + 1] y arreglo[alto] (o
pivote)
    int temp = arreglo[i + 1];
    arreglo[i + 1] = arreglo[alto];
    arreglo[alto] = temp;
    return (i + 1);
}
```

```
// Función Quicksort
void quicksort(int arreglo[], int bajo, int alto) {
    if (bajo < alto) {
        // pi es el índice de partición
        int pi = particion(arreglo, bajo, alto);

        // Ordenar recursivamente las sublistas
        quicksort(arreglo, bajo, pi - 1);
        quicksort(arreglo, pi + 1, alto);
    }
}
```

Implementa el main para ingresar el arreglo, ordenar y mostrar el resultado:

c

Copiar código

```
int main() {
    int N;

    printf("Ingrese el número de elementos del arreglo:
");
    scanf("%d", &N);

    int arreglo[N];

    // Ingresar elementos
    printf("Ingrese %d elementos:\n", N);
    for(int i = 0; i < N; i++) {
        printf("Elemento %d: ", i + 1);
        scanf("%d", &arreglo[i]);
    }

    // Mostrar arreglo antes de ordenar
    printf("\nArreglo antes de ordenar:\n");
    for(int i = 0; i < N; i++) {
        printf("%d ", arreglo[i]);
    }
    printf("\n");
```

```
    // Ordenar el arreglo usando Quicksort
    quicksort(arreglo, 0, N - 1);

    // Mostrar arreglo después de ordenar
    printf("Arreglo después de ordenar con
Quicksort:\n");
    for(int i = 0; i < N; i++) {
        printf("%d ", arreglo[i]);
    }
    printf("\n");

    return 0;
}
```

2. Compila y ejecuta el programa.
3. Ingresa diferentes arreglos y verifica que Quicksort los ordene correctamente.
4. **Experimenta:**
    - Compara el tiempo de ejecución de Quicksort con otros algoritmos de ordenamiento como Burbuja o Selección.
    - Modifica el algoritmo para ordenar en orden descendente.

Código Completo:

```
#include <stdio.h>

// Función de partición
int particion(int arreglo[], int bajo, int alto) {
    int pivote = arreglo[alto];
    int i = (bajo - 1);
    for(int j = bajo; j <= alto - 1; j++) {
        if(arreglo[j] < pivote) {
  i++;
```

```
            // Intercambiar arreglo[i] y arreglo[j]
            int temp = arreglo[i];
            arreglo[i] = arreglo[j];
            arreglo[j] = temp;
        }
    }
    // Intercambiar arreglo[i + 1] y arreglo[alto] (o
pivote)
    int temp = arreglo[i + 1];
    arreglo[i + 1] = arreglo[alto];
    arreglo[alto] = temp;
    return (i + 1);
}

// Función Quicksort
void quicksort(int arreglo[], int bajo, int alto) {
    if (bajo < alto) {
        // pi es el índice de partición
        int pi = particion(arreglo, bajo, alto);

        // Ordenar recursivamente las sublistas
        quicksort(arreglo, bajo, pi - 1);
        quicksort(arreglo, pi + 1, alto);
    }
}

int main() {
    int N;

    printf("Ingrese el número de elementos del arreglo:
");
    scanf("%d", &N);

    int arreglo[N];

    // Ingresar elementos
    printf("Ingrese %d elementos:\n", N);
    for(int i = 0; i < N; i++) {
```

```
        printf("Elemento %d: ", i + 1);
        scanf("%d", &arreglo[i]);
    }

    // Mostrar arreglo antes de ordenar
    printf("\nArreglo antes de ordenar:\n");
    for(int i = 0; i < N; i++) {
        printf("%d ", arreglo[i]);
    }
    printf("\n");

    // Ordenar el arreglo usando Quicksort
    quicksort(arreglo, 0, N - 1);

    // Mostrar arreglo después de ordenar
    printf("Arreglo después de ordenar con
Quicksort:\n");
    for(int i = 0; i < N; i++) {
        printf("%d ", arreglo[i]);
    }
    printf("\n");

    return 0;
}
```

Ejercicio 57: Manejo de Archivos Binarios

Objetivo: Aprender a abrir, escribir y leer archivos binarios en C para almacenar y recuperar datos de manera eficiente.

Descripción: Los archivos binarios permiten almacenar datos en un formato no legible directamente, lo que puede ser más eficiente en términos de espacio y velocidad de acceso. Este ejercicio te enseñará cómo manejar archivos binarios en C.

Pasos a seguir:

1. **Define la estructura de los datos a almacenar:**

```
#include <stdio.h>
#include <stdlib.h>
#include <string.h>

struct Persona {
    int id;
    char nombre[50];
    float salario;
};
```

2. **Implementa las funciones para escribir y leer datos binarios:**

c

Copiar código

```
// Función para escribir datos en un archivo binario
void escribirArchivoBinario() {
    FILE *archivo = fopen("personas.bin", "wb");
    if(archivo == NULL) {
        printf("Error al abrir el archivo para
escritura.\n");
        return;
    }

    int N;
  printf("Ingrese el número de personas: ");
    scanf("%d", &N);
    getchar(); // Limpiar el buffer

    struct Persona personas[N];

    // Ingresar datos
```

```
    for(int i = 0; i < N; i++) {
        printf("\nPersona %d:\n", i + 1);
        printf("ID: ");
        scanf("%d", &personas[i].id);
        getchar(); // Limpiar el buffer
        printf("Nombre: ");
        fgets(personas[i].nombre,
sizeof(personas[i].nombre), stdin);
        personas[i].nombre[strcspn(personas[i].nombre,
"\n")] = '\0'; // Eliminar salto de línea
        printf("Salario: ");
        scanf("%f", &personas[i].salario);
        getchar(); // Limpiar el buffer
    }

    // Escribir en el archivo
    fwrite(personas, sizeof(struct Persona), N, archivo);
    fclose(archivo);
    printf("\nDatos escritos exitosamente en
'personas.bin'.\n");
}



// Función para leer datos de un archivo binario
void leerArchivoBinario() {
    FILE *archivo = fopen("personas.bin", "rb");
    if(archivo == NULL) {
        printf("Error al abrir el archivo para
lectura.\n");
        return;
  }



  struct Persona persona;
    printf("\n--- Lista de Personas ---\n");
```

```
    printf("ID\tNombre\t\tSalario\n");
    printf("--------------------------------------\n");

    while(fread(&persona, sizeof(struct Persona), 1,
archivo)) {
        printf("%d\t%s\t\t%.2f\n", persona.id,
persona.nombre, persona.salario);
    }

    fclose(archivo);
}
```

3. **Implementa el main para interactuar con el usuario:**

```
int main() {
    int opcion;

    do {
        printf("\n--- Manejo de Archivos Binarios ---
\n");
        printf("1. Escribir datos en archivo binario\n");
        printf("2. Leer datos desde archivo binario\n");
        printf("3. Salir\n");
        printf("Seleccione una opción: ");
        scanf("%d", &opcion);
        getchar(); // Limpiar el buffer

        switch(opcion) {
            case 1:
                escribirArchivoBinario();
                break;
            case 2:
                leerArchivoBinario();
                break;
            case 3:
                printf("Saliendo del programa.\n");
                break;
            default:
```

```
                printf("Opción inválida. Intente
nuevamente.\n");
    }

    } while(opcion != 3);

    return 0;
}
```

4. **Compila y ejecuta el programa.**

5. **Interactúa con el menú:**

   - **Escribir Datos:** Ingresa información de varias personas y verifica que se guarde correctamente.

   - **Leer Datos:** Recupera y muestra los datos almacenados en el archivo binario.

Código Completo:

```
#include <stdio.h>
#include <stdlib.h>
#include <string.h>

struct Persona {
    int id;
    char nombre[50];
    float salario;
};

// Función para escribir datos en un archivo binario
void escribirArchivoBinario() {
    FILE *archivo = fopen("personas.bin", "wb");
    if(archivo == NULL) {
        printf("Error al abrir el archivo para
escritura.\n");
```

```
        return;
    }

    int N;
    printf("Ingrese el número de personas: ");
    scanf("%d", &N);
    getchar(); // Limpiar el buffer

    struct Persona personas[N];

    // Ingresar datos
    for(int i = 0; i < N; i++) {
        printf("\nPersona %d:\n", i + 1);
        printf("ID: ");
        scanf("%d", &personas[i].id);
        getchar(); // Limpiar el buffer
        printf("Nombre: ");
        fgets(personas[i].nombre,
sizeof(personas[i].nombre), stdin);
        personas[i].nombre[strcspn(personas[i].nombre,
"\n")] = '\0'; // Eliminar salto de línea
        printf("Salario: ");
        scanf("%f", &personas[i].salario);
        getchar(); // Limpiar el buffer
    }

    // Escribir en el archivo
    fwrite(personas, sizeof(struct Persona), N, archivo);
    fclose(archivo);
    printf("\nDatos escritos exitosamente en
'personas.bin'.\n");
}

// Función para leer datos de un archivo binario
void leerArchivoBinario() {
    FILE *archivo = fopen("personas.bin", "rb");
    if(archivo == NULL) {
```

```
        printf("Error al abrir el archivo para
lectura.\n");
        return;
    }

    struct Persona persona;
    printf("\n--- Lista de Personas ---\n");
    printf("ID\tNombre\t\tSalario\n");
    printf("-------------------------------------\n");

    while(fread(&persona, sizeof(struct Persona), 1,
archivo)) {
        printf("%d\t%s\t\t%.2f\n", persona.id,
persona.nombre, persona.salario);
    }

    fclose(archivo);
}

int main() {
    int opcion;

    do {
        printf("\n--- Manejo de Archivos Binarios ---
\n");
        printf("1. Escribir datos en archivo binario\n");
        printf("2. Leer datos desde archivo binario\n");
        printf("3. Salir\n");
        printf("Seleccione una opción: ");
        scanf("%d", &opcion);
        getchar(); // Limpiar el buffer

        switch(opcion) {
            case 1:
                escribirArchivoBinario();
                break;
            case 2:
                leerArchivoBinario();
```

```
                break;
            case 3:
                printf("Saliendo del programa.\n");
                break;
            default:
                printf("Opción inválida. Intente
nuevamente.\n");
        }
    } while(opcion != 3);

    return 0;
}
```

Ejercicio 58: Implementación de una Tabla Hash Simple

Objetivo: Crear una tabla hash para almacenar y recuperar datos de manera eficiente utilizando una función de hash básica.

Descripción: Las tablas hash son estructuras de datos que permiten acceso rápido a los datos mediante una clave única. Este ejercicio te enseñará cómo implementar una tabla hash simple en C utilizando arreglos y manejo de colisiones con encadenamiento.

Pasos a seguir:

1. **Define la estructura de los elementos y de la tabla hash:**

```
#include <stdio.h>
#include <stdlib.h>
#include <string.h>

#define TAMANIO_TABLA 10

struct Elemento {
```

```
    int clave;
    char valor[50];
    struct Elemento *siguiente;
};

struct TablaHash {
    struct Elemento *arreglo[TAMANIO_TABLA];
};
```

2. **Implementa las funciones para inicializar la tabla, insertar y buscar elementos:**

```
// Función de hash simple
int funcionHash(int clave) {
    return clave % TAMANIO_TABLA;
}

// Inicializar la tabla hash
void inicializarTabla(struct TablaHash *tabla) {
    for(int i = 0; i < TAMANIO_TABLA; i++) {
        tabla->arreglo[i] = NULL;
    }
}

// Insertar un elemento en la tabla hash
void insertar(struct TablaHash *tabla, int clave, char
*valor) {
    int indice = funcionHash(clave);
    struct Elemento *nuevoElemento = (struct
Elemento*)malloc(sizeof(struct Elemento));
    if(nuevoElemento == NULL) {
        printf("Error al asignar memoria.\n");
        return;
    }
    nuevoElemento->clave = clave;
    strcpy(nuevoElemento->valor, valor);
    nuevoElemento->siguiente = tabla->arreglo[indice];
```

```
    tabla->arreglo[indice] = nuevoElemento;
    printf("Elemento con clave %d insertado en el índice
%d.\n", clave, indice);
}

// Buscar un elemento en la tabla hash
struct Elemento* buscar(struct TablaHash *tabla, int
clave) {
    int indice = funcionHash(clave);
    struct Elemento *actual = tabla->arreglo[indice];
    while(actual != NULL) {
        if(actual->clave == clave)
            return actual;
        actual = actual->siguiente;
    }
    return NULL;
}
```

Implementa el main para interactuar con la tabla hash:

c

Copiar código

```
int main() {
    struct TablaHash tabla;
    inicializarTabla(&tabla);
    int opcion, clave;
    char valor[50];
    struct Elemento* encontrado;

    do {
        printf("\n--- Tabla Hash ---\n");
        printf("1. Insertar un elemento\n");
        printf("2. Buscar un elemento\n");
        printf("3. Salir\n");
        printf("Seleccione una opción: ");
        scanf("%d", &opcion);
        getchar(); // Limpiar el buffer

        switch(opcion) {
            case 1:
```

```
                printf("Ingrese la clave (entero): ");
                scanf("%d", &clave);
                getchar(); // Limpiar el buffer
                printf("Ingrese el valor (cadena): ");
                fgets(valor, sizeof(valor), stdin);
                valor[strcspn(valor, "\n")] = '\0'; //
Eliminar salto de línea
                insertar(&tabla, clave, valor);
                break;
            case 2:
                printf("Ingrese la clave a buscar: ");
                scanf("%d", &clave);
                encontrado = buscar(&tabla, clave);
                if(encontrado != NULL)
                    printf("Elemento encontrado: Clave =
%d, Valor = %s\n", encontrado->clave, encontrado->valor);
                else
                    printf("Elemento con clave %d no
encontrado.\n", clave);
                break;
            case 3:
                printf("Saliendo del programa.\n");
                break;
            default:
                printf("Opción inválida. Intente
nuevamente.\n");
        }
    } while(opcion != 3);

    // Liberar memoria
    for(int i = 0; i < TAMANIO_TABLA; i++) {
        struct Elemento *actual = tabla.arreglo[i];
        while(actual != NULL) {
            struct Elemento *temp = actual;
            actual = actual->siguiente;
            free(temp);
        }
    }
```

```
    return 0;
}
```

3. **Compila y ejecuta el programa.**

4. **Interactúa con el menú:**

    - **Insertar Elementos:** Añade elementos con claves únicas y observa cómo se asignan a diferentes índices.

    - **Buscar Elementos:** Recupera elementos usando sus claves y verifica su correcto funcionamiento.

    - **Manejo de Colisiones:** Inserta múltiples elementos que caigan en el mismo índice para ver cómo se manejan las colisiones.

Código Completo:

```
#include <stdio.h>
#include <stdlib.h>
#include <string.h>

#define TAMANIO_TABLA 10

struct Elemento {
    int clave;
    char valor[50];
    struct Elemento *siguiente;
};

struct TablaHash {
    struct Elemento *arreglo[TAMANIO_TABLA];
};

// Función de hash simple
```

```
int funcionHash(int clave) {
    return clave % TAMANIO_TABLA;
}

// Inicializar la tabla hash
void inicializarTabla(struct TablaHash *tabla) {
    for(int i = 0; i < TAMANIO_TABLA; i++) {
        tabla->arreglo[i] = NULL;
    }
}

// Insertar un elemento en la tabla hash
void insertar(struct TablaHash *tabla, int clave, char
*valor) {
    int indice = funcionHash(clave);
    struct Elemento *nuevoElemento = (struct
Elemento*)malloc(sizeof(struct Elemento));
    if(nuevoElemento == NULL) {
        printf("Error al asignar memoria.\n");
        return;
    }
    nuevoElemento->clave = clave;
    strcpy(nuevoElemento->valor, valor);
    nuevoElemento->siguiente = tabla->arreglo[indice];
    tabla->arreglo[indice] = nuevoElemento;
    printf("Elemento con clave %d insertado en el índice
%d.\n", clave, indice);
}

// Buscar un elemento en la tabla hash
struct Elemento* buscar(struct TablaHash *tabla, int
clave) {
    int indice = funcionHash(clave);
    struct Elemento *actual = tabla->arreglo[indice];
    while(actual != NULL) {
        if(actual->clave == clave)
            return actual;
        actual = actual->siguiente;
```

```
    }
    return NULL;
}

int main() {
    struct TablaHash tabla;
    inicializarTabla(&tabla);
    int opcion, clave;
    char valor[50];
    struct Elemento* encontrado;

    do {
        printf("\n--- Tabla Hash ---\n");
        printf("1. Insertar un elemento\n");
        printf("2. Buscar un elemento\n");
        printf("3. Salir\n");
        printf("Seleccione una opción: ");
        scanf("%d", &opcion);
        getchar(); // Limpiar el buffer

        switch(opcion) {
            case 1:
                printf("Ingrese la clave (entero): ");
                scanf("%d", &clave);
                getchar(); // Limpiar el buffer
                printf("Ingrese el valor (cadena): ");
                fgets(valor, sizeof(valor), stdin);
                valor[strcspn(valor, "\n")] = '\0'; //
Eliminar salto de línea
                insertar(&tabla, clave, valor);
                break;
            case 2:
                printf("Ingrese la clave a buscar: ");
                scanf("%d", &clave);
                encontrado = buscar(&tabla, clave);
                if(encontrado != NULL)
                    printf("Elemento encontrado: Clave =
%d, Valor = %s\n", encontrado->clave, encontrado->valor);
```

```
                else
                    printf("Elemento con clave %d no
encontrado.\n", clave);
                break;
            case 3:
                printf("Saliendo del programa.\n");
                break;
            default:
                printf("Opción inválida. Intente
nuevamente.\n");
        }
    } while(opcion != 3);

    // Liberar memoria
    for(int i = 0; i < TAMANIO_TABLA; i++) {
        struct Elemento *actual = tabla.arreglo[i];
        while(actual != NULL) {
            struct Elemento *temp = actual;
            actual = actual->siguiente;
            free(temp);
        }
    }

    return 0;
}
```

Ejercicio 59: Uso de Macros y Directivas de Preprocesador en C

Objetivo: Comprender cómo utilizar macros y directivas de preprocesador para definir constantes, funciones y manejar compilaciones condicionales.

Descripción: Las macros y directivas de preprocesador son herramientas poderosas que permiten modificar el comportamiento del compilador antes de la compilación real del código. Este ejercicio te enseñará cómo definir y utilizar macros, así como cómo emplear compilaciones condicionales.

Pasos a seguir:

1. **Define macros para constantes y funciones simples:**

```
#include <stdio.h>

// Definir una constante
#define PI 3.14159265358979323846

// Definir una macro para calçular el área de un círculo
#define AREA_CIRCULO(r) (PI * (r) * (r))

// Definir una macro para el máximo de dos valores
#define MAX(a, b) ((a) > (b) ? (a) : (b))
```

2. **Implementa el main para utilizar las macros:**

```
int main() {
    double radio;
    int num1, num2;

    // Usar la macro AREA_CIRCULO
    printf("Ingrese el radio del círculo: ");
    scanf("%lf", &radio);
    printf("El área del círculo es: %.2lf\n",
AREA_CIRCULO(radio));


    // Usar la macro MAX
    printf("Ingrese dos números enteros:\n");
    printf("Número 1: ");
    scanf("%d", &num1);
    printf("Número 2: ");
    scanf("%d", &num2);
    printf("El máximo entre %d y %d es: %d\n", num1,
num2, MAX(num1, num2));

    return 0;
```

```
}
```

3. **Implementa compilaciones condicionales para incluir o excluir código:**

```
// Definir una directiva para habilitar el modo de
depuración
#define DEBUG

int main() {
    int a = 5, b = 10;

    #ifdef DEBUG
        printf("Modo de depuración activado.\n");
        printf("Valores: a = %d, b = %d\n", a, b);
    #endif

    printf("La suma de a y b es: %d\n", a + b);

    return 0;
}
```

4. **Compila y ejecuta el programa.**

5. **Experimenta:**

   - **Modifica las macros:** Cambia los valores de las constantes o las expresiones en las macros y observa cómo afectan el programa.

   - **Compilaciones condicionales:** Comenta o descomenta la línea #define DEBUG para activar o desactivar el modo de depuración y observa los cambios en la salida del programa.

   - **Macros con múltiples argumentos:** Crea macros más complejas que realicen operaciones más avanzadas.

Código Completo:

```
#include <stdio.h>

// Definir una constante
#define PI 3.14159265358979323846

// Definir una macro para calcular el área de un círculo
#define AREA_CIRCULO(r) (PI * (r) * (r))


// Definir una macro para el máximo de dos valores
#define MAX(a, b) ((a) > (b) ? (a) : (b))

// Definir una directiva para habilitar el modo de
depuración
#define DEBUG

int main() {
    double radio;
    int num1, num2;

    // Usar la macro AREA_CIRCULO
    printf("Ingrese el radio del círculo: ");
    scanf("%lf", &radio);
    printf("El área del círculo es: %.2lf\n",
AREA_CIRCULO(radio));

    // Usar la macro MAX
    printf("Ingrese dos números enteros:\n");
    printf("Número 1: ");
    scanf("%d", &num1);
    printf("Número 2: ");
    scanf("%d", &num2);
    printf("El máximo entre %d y %d es: %d\n", num1,
num2, MAX(num1, num2));
```

```
    // Compilaciones condicionales
    #ifdef DEBUG
        printf("\nModo de depuración activado.\n");
        printf("Valores: a = %d, b = %d\n", num1, num2);
    #endif

    printf("La suma de %d y %d es: %d\n", num1, num2,
num1 + num2);

    return 0;
}
```

Explicación del Código:

- **Macros Definidas:**
    - PI: Define el valor de π.
    - AREA_CIRCULO(r): Calcula el área de un círculo dado su radio.
    - MAX(a, b): Retorna el valor máximo entre dos números.
- **Compilaciones Condicionales:**
    - #ifdef DEBUG: Si la macro DEBUG está definida, se ejecuta el código dentro de este bloque, permitiendo la inclusión de información de depuración.
- **Interacción con el Usuario:**
    - Solicita al usuario que ingrese el radio de un círculo y dos números enteros.
    - Calcula y muestra el área del círculo y el máximo de los dos números.

- Si el modo de depuración está activado, muestra información adicional.

www.ingramcontent.com/pod-product-compliance
Lightning Source LLC
LaVergne TN
LVHW030217230826
846093LV00011B/503

* 9 7 9 8 3 0 5 1 7 7 4 7 3 *